Mäggi Kokta

Jeden Tag vegan genießen

Mäggi Kokta

Jeden Tag *vegan* genießen

Biologisch
Saisonal
Kreativ

Mit Fotografien von Axel Holstein

löwenzahn

Einleitung 6
Danke! 6
Bewusst vegan – bewusst bio! 7
Hilfreiches zum besseren Verständnis und Umgang mit diesem Buch 8
Ersatzprodukte 12
Deine bio-vegane Vorratskammer 14
Teils witzige und teils ernst zu nehmende Fragen und Antworten, mit denen Veganerinnen und Veganer oft konfrontiert werden 16
Über mich 17
Bio-vegan für Kinder? 18
Glossar & Register 147

FRÜHLING 21

Cremige Wildkräutersuppe 23
Krensuppe 24
Haferflockenbratlinge mit Schnittlauchcreme 27
Pilzgulasch mit Erdäpfelknödeln 29
Grünkern-Burger 30
Kürbiskern-Knusperschnitzel mit Bärlauchdip 33
Vegane Gemüsequiche 35
Wildkräuter-Smoothie 36
Cashew-Parmesan 38
Pikante Béchamelsauce zum Überbacken 38
Reispapierrollen mit Erdnusscreme 41
Eifrei-Speis 42
Grießpudding mit Kompott 45
Schokomousse mit eingelegten Kirschen 47
Hirse-Kräuter-Brödlis 48
Dinkel-Koriander-Muffins mit Zuckerblütenguss 51

SOMMER 53

Mangoldsuppe mit gebratenen Erdäpfelwürferln 54
Grießknöderlsuppe mit Schnittlauch 56
Pikante Palatschinken mit roher Paradeisfülle 59
Zucchinigulasch mit Serviettenknödeln 61
Mini-Salatpizza 62
Sommerliche Polentaschnitten 64
Hirselaibchen auf Blattsalat 67
Zucchini-Tsatsiki 68
Paradeiser-Fisolen-Salat mit gebratenen Seitanstreifen 71
Erdäpfelkas mit frischen Kräutern 72
Kichererbsen in Kräutern und Olivenöl 75
Kokosbällchen gekühlt 77
Erdbeermus mit Cashewsahne 78
Kräuter-Fladenbrot 81

S. 77

S. 35

S. 91

HERBST 83

Letscho-Zitronen-Suppe	85
Goldfrittatensuppe	87
Rote-Rüben-Laibchen mit Krendip	88
Kürbislasagne	91
Gemüse mit Erdäpfelkruste	92
Kreativer Bohnen-Nudel-Salat	95
Kürbis im Wok auf Pilz-Bulgur	97
Rote-Rüben-Rohkost mit Apfel und Walnuss	98
Gurkenringe mit roher Paradeis-Nuss-Creme	101
Linsensalat auf Minutenbrot	103
StreichVurst	104
Apfelgelee mit Zimtcreme	107
Süße Knöderl mit Zwetschkenröster	109
Apfel-Krümel-Torte	110
Sonnenblumen-Orangen-Cantuccini	113

WINTER 115

Polentasuppe mit Lauch und Kürbiskernöl	117
Hokkaido-Erdäpfel-Suppe mit Ingwer	119
Veganes Reisfleisch	120
Karottenpüree mit Kürbiskernnudeln	123
Krautstrudel mit Weizenfaschiertem	125
Sellerieschnitzel mit Rosinenreis	126
Gemüsesuppen-Lasagne	129
Chinakohl-Orangen-Salat	131
Bunter Erdäpfel-Gemüse-Salat	132
Körndlschmalz	135
Scharfer roter Linsenaufstrich	136
Warme Müsliterrine	138
Orangensalat mit Crunchies	141
Vanillekipferl	142
Dinkel-Schoko-Cookies	144
Weiche Lebkuchenherzen	145

S. 141

EINLEITUNG

Herzlichen Glückwunsch, dass dieses Buch den Weg in deine Küche gefunden hat. / Es wird dir zeigen, wie einfach es ist, mit hochwertigen pflanzlichen Lebensmitteln aus biologischem Anbau zu kochen. Mit Freude am Experimentieren und ein bisschen Mut kannst du mit wenig Aufwand wirklich leckere Speisen auf deinen Teller zaubern. Ich möchte dich begleiten und ermuntern, dabei deine ureigene Kreativität zu entfalten. / „Kochen kann jedeR" ist meine Überzeugung. Es gibt dafür vielleicht ein paar Grundregeln, Tipps und Zusammenhänge, die den Einstieg in das Abenteuer Kochen erleichtern – der Rest ist Spaß am Essen und Genuss, der gerade in der tierleidfreien bio-veganen Küche garantiert ist. / Ich wünsche dir freudvolles Gelingen und guten Appetit!

Mäggi

DANKE!

Dass dieses Buch so vor dir liegt, habe ich der wunderbaren Betreuung des Löwenzahn Verlages, allen voran Anita Winkler und Petra Möderle, zu verdanken.

Die bezaubernden, fast essbaren Fotos hat Axel Holstein gemacht. Mit viel Geduld und Einfühlungsvermögen hat er versucht, das Wesen meiner bio-veganen Speisen abzubilden.

Dass ich die vielen guten Sachen überhaupt kochen konnte, verdanke ich Dr. Michael Ehrenberger und Nikki Merz, die mir für viele, viele Tage ihre tolle Küche im Seminarzentrum „Paradieserl" in Mogersdorf im Südburgenland zur Verfügung gestellt haben, und Ildiko, die mir nach jedem Koch- und Fotoshootingtag beim Putzen der Küche geholfen hat.

Viele meiner Kochrezepte durfte ich schon bei meinen bio-veganen Koch-Coachings erproben und danke dafür allen TeilnehmerInnen und menschlichen „Versuchskaninchen".

Großer Dank gebührt auch allen meinen Freunden und Bekannten, meiner Familie und allen voran meinem geliebten Mann Herbert für das unaufhörliche Lob für meine kreativen Kochideen. Das war Ansporn dafür, dieses Buch zu schreiben und es dir als Handwerkszeug zu geben, um deine eigene bio-vegane Kochkreativität voll zu entfalten.

BEWUSST VEGAN – BEWUSST BIO!

Wer vegan is(s)t, hat meistens viele Infos gesammelt über Tierleid, den Wahnsinn in den Schlachthöfen, den Mord an Tieren, die Leiden der voneinander getrennten Kühe und Kälber in der Milchindustrie, die Qual in der Lederindustrie ... Das alles stimmt nachdenklich, ob man sich nicht auch anders und gesünder ernähren kann ...

Wer bio is(s)t, hat meistens Infos gesammelt über die Zerstörung der Umwelt durch Gifte der konventionellen Landwirtschaft, durch Raubbau und Abholzung usw. Einflussnahmen, die unsere Erde so hinterlassen, dass wir auf normalem, gesundem Wege bald nichts mehr anbauen können, weil unsere Böden kaputt sind ... wie zum Beispiel durch Gentechnik zerstört und auf vielleicht ewig denaturiert. Das alles stimmt nachdenklich, ob man sich nicht auch anders, gesünder und umweltschonender ernähren kann ...

Jeder Mensch, der mit Bewusstheit und Achtsamkeit seinen Weg geht, ändert früher oder später auch seine Lebensgewohnheiten. Viele lassen tierische Produkte aus ihrer Ernährung weg, weil sie Tierleid vermeiden und sich vielleicht gesünder ernähren möchten. Andere wiederum wissen um die Notwendigkeit einer naturnahen Landbewirtschaftung und praktizieren oder fördern sie, essen aber Fleisch und Milchprodukte. Beiden Gruppen fehlen aber oft wichtige Infos, ich habe dafür den Begriff Info-Notstand geprägt. Trotz der Überfülle an Informationen und Möglichkeiten, an diese heranzukommen, sehen viele Menschen nie über ihren „Tellerrand“ hinaus. Dank vieler aufrüttelnder Filme, Dokumentationen, Blogs und Webseiten gelangen aber doch immer mehr Fakten über die wahren Zustände auf unserem Planeten zu uns durch. / Um wirklich nachhaltig etwas an unserem Lebensstil, an unserer Gesundheit und unserer Umwelt zu verändern und zu verbessern, müssen wir den Weg in Richtung bio und vegan einschlagen. Dadurch nehmen wir gleichzeitig mehr Einfluss auf die konventionelle Landwirtschaft und tragen zum Umdenken vieler Menschen in unserem persönlichen Umfeld bei.

Biologisch – pflanzlich – saisonal – regional
Diese vier Schlagworte werden dich offen oder unbewusst durch dieses Buch begleiten. Dabei gibt es keine hierarchische Reihenfolge: Ich versuche, Lebensmittel zu kaufen und zu verarbeiten, die alle vier Bedingungen gleichzeitig erfüllen. / Dass dies bei der Beschaffung nicht immer ganz einfach ist, bestreite ich nicht. / In meinen Rezepten habe ich auch darauf Rücksicht genommen und das Buch nach den vier Jahreszeiten unterteilt. Zumindest in der betreffenden Saison sollten dann alle Zutaten leicht in deiner Umgebung in Bio-Qualität erhältlich sein.

HILFREICHES ZUM BESSEREN VERSTÄNDNIS UND UMGANG MIT DIESEM BUCH

KOCHTECHNISCH

- **Für alle meine Rezepte** nehme ich selbstverständlich nur Lebensmittel aus biologischem Anbau oder aus meinem eigenen Bio-Garten, daher verzichte ich darauf, dies bei den einzelnen Zutaten nochmals extra zu erwähnen.

- **Die meisten Speisen** sind für 2 Personen gerechnet, bei einigen wenigen Ausnahmen stehen davon abweichende Angaben beim Rezept dabei.

- **Die Aufstriche** lassen sich in Schraubgläsern viele Tage gut im Kühlschrank aufbewahren.

- **Du wirst bei vielen Rezepten** Mengenangaben in Teelöffel (TL), Esslöffel (EL) oder Tassen finden. Nur wo es wichtig ist, verwende ich Gramm- und Milliliterangaben. Ich möchte dich auch ermutigen, zu experimentieren und selbst auf deine idealen Mischungen und Rezepte draufzukommen. Es gibt kein misslungenes Gericht, außer es ist angebrannt!

- **Ich rate dir,** deinen Gewürzfundus immer mehr zu erweitern, denn damit kannst du aus einfachsten Zutaten wahre Gaumenfreude-Wunder zaubern.

- **Beim veganen Backen** werden meistens zuerst alle trockenen Zutaten miteinander vermengt, dann alle flüssigen Zutaten vermischt, und erst zum Schluss wird aus beiden dann zügig der Teig zusammengerührt. Zum Unterschied zu manchen Rührteigen mit tierischen Inhaltsstoffen, die meist umso besser werden, je länger man sie rührt, wollen vegane Teige am liebsten schnell ins Backrohr.

- **Wenn im Rezeptteil** Begriffe wie Parmesan, Schlagobers oder Wurst vorkommen, dann ist damit natürlich immer die vegane Variante gemeint.

- **Pflanzenmilch oder Pflanzendrink:** Ich verwende den Begriff „Milch" auch für Pflanzenmilch, da ja auch in der Natur milchige Säfte bei Pflanzen vorkommen. Gekaufte Produkte werden aber meist als Drinks deklariert.

- **Vegane Laibchen** dürfen beim Braten in der Pfanne nur einmal gewendet werden. Am besten klappt es, wenn du sie von jeder Seite bei Mittelhitze einfach 3–4 Minuten bräunen lässt, denn im heißen Zustand können sie leichter zerfallen.

- **Ich selbst habe** nur ein Backrohr mit Ober- und Unterhitzefunktion. Die Gradangaben meiner Rezepte sind also darauf ausgelegt. Wenn du Umluft verwendest, verkürzt sich die Backzeit manchmal um einige Minuten – du solltest im letzten Drittel der Backzeit dafür dein Backgut öfters kontrollieren. Du kannst dies entweder mittels Sichtprobe (die Oberfläche sollte leicht gebräunt, aber nicht zu dunkel sein) oder durch die Stäbchenprobe prüfen – dafür ein Holzstäbchen in den gebackenen Teig stecken und langsam wieder herausziehen. Klebt kein Teig am Stäbchen, ist der Kuchen fertig.

- **Das Auge isst mit!** Häufig haben wir durch regelmäßig stark gewürzte und gekochte Speisen ohnehin schon einen schwachen Geschmackssinn und verlassen uns deshalb besonders beim Essen meist auf unseren Sehsinn. Darum finde ich es wichtig, gerade bei der Umstellung auf eine rein pflanzliche

Ernährung viele Speisen in gewohnter Weise anzurichten bzw. mit bereits bekannten Beilagen zu servieren.

- **In meiner Küche** hängt immer eine spezielle Küchenschere griffbereit, mit der ich nicht nur hauchdünne Schnittlauchröllchen direkt in die Suppe oder Sauce schneide, sondern auch noch viele andere Sachen, die andere vielleicht mit einem Messer zerkleinern.

LEBENSMITTELTECHNISCH

- **Tofu und andere Sojaprodukte** setze ich in meiner Küche nur selten ein. Lieber verwende ich Hafer- und Reisprodukte, die geschmacklich nicht so dominant und auch gesundheitlich weniger umstritten sind wie Soja. Da ich weder Ernährungsexpertin bin, noch glaube, dass es dazu allgemeingültige Gesetzmäßigkeiten, Empfehlungen und Kriterien gibt, lade ich dich ein, dich selbst auf die Suche nach Informationen rund um die Sojabohne zu machen. / Eines steht jedoch fest: Die fette weiße Bohne wird auch immer wieder in Zusammenhang mit Gentechnik erwähnt und da bist du auf der absolut sicheren Seite, wenn du ausschließlich Sojabohnen und Sojaprodukte aus kontrolliert biologischem Anbau verwendest.

- **Palmfett:** Hierzu gab es in den letzten Jahren sehr aufrüttelnde Nachrichten von kahl geschlagenen Urwäldern, vertriebenen Wildtieren und nicht zuletzt verdrängten Menschen, weil Riesenkonzerne für das begehrte Palmfett Raubbau an unserem Planeten betreiben. Auch hier möchte ich wieder auf Palmfett aus Bio-Landbau hinweisen, das fast immer aus kleineren Kooperativen mit Bäuerinnen und Bauern aus Dörfern stammt, die die Wälder pflegen, weil diese ihre Lebensgrundlage darstellen und sie die Einkünfte aus dem Verkauf des Palmöls häufig für ihr Überleben brauchen.

- **Ich habe bei allen Rezepten** Steinsalz zum Würzen angegeben, da ich normales Kochsalz aus meiner Küche schon vor Jahren verbannt habe. Salz, das noch aus allen natürlichen Komponenten besteht, ist für das bio-vegane Kochen sehr zu empfehlen. Meersalz würde diese Ansprüche auch erfüllen, doch durch die Verschmutzung unserer Meere und die aktuell extrem hohe radioaktive Belastung ist es für mich persönlich nicht mehr geeignet, gesunde Speisen damit zu würzen. Eine Ausnahme ist das Khoysan Meersalz, das händisch geerntet und ohne Maschinen zerkleinert und getrocknet wird und aus einem unterirdischen Salzsee stammt.

- **Salzsole** aus Wasser und Steinsalzbrocken steht immer fertig angesetzt in einem Glas neben meinen Gewürzen. Damit lassen sich gut Blattsalate würzen, aber auch Reis und Getreidegerichte, die ohne Salz weich gekocht werden, werden mit dem „flüssigen Salz" besser gewürzt als mit Salzkörnern, die sich oft nur schwer auflösen und dann beim Essen merkbar zwischen den Zähnen knirschen.

- **Für einige Rezepte** verwende ich Keimlingsmehl. Es ist ein geniales Lockerungsmittel für Brot, Gebäck und vegane Kuchen und wird aus gekeimten, getrockneten und anschließend schonend vermahlenen Getreidesorten hergestellt. Es besitzt eine große Quellkraft und macht alle Backwerke saftig. Keimlingsmehl wird auch von vielen Bäckern verwendet, damit das Brot luftig und saftig wird.

- **Frischer Knoblauch** ist meiner Meinung nach geschmacklich und in Bezug auf seine gesundheitliche Wirkung eigentlich unübertroffen, aber nicht immer zur Hand, wenn man spontan etwas kochen möchte. Darum verwende ich in vielen meiner Rezepte ein Knoblauchgranulat aus biologischem Anbau oder eine rohe Knoblauchpaste im Glas, da diese immer verfügbar sind und die Speisen auch sehr würzig machen.

- **Rohkost:** Sich vegan zu ernähren, bedeutet leider nicht gleichzeitig, gesund zu essen. Zucker und Pommes sind ebenfalls pflanzlicher Natur. Für eine gesunde bio-vegane Ernährung sollte man täglich mindestens 50 % seiner Lebensmittel roh zu sich nehmen, um in den vollen Genuss von Vitaminen, Vitalstoffen und Enzymen zu gelangen. Fazit: Die Riesenschüssel (Blatt-)Salat wird als Erstes auf den Tisch gestellt!

- **Hülsenfrüchte** sind pflanzliche Eiweißlieferanten und unentbehrlich in der bio-veganen Küche. Leider vertragen viele Menschen anfangs zu viele Bohnen, Erbsen und Linsen nur schwer. Da helfen fast immer zwei Tipps: Hülsenfrüchte über Nacht in viel Wasser einweichen, das Einweichwasser dann am nächsten Tag aber abschütten und die Hülsenfrüchte in frischem Wasser kochen. Im Kochwasser frisches Bohnenkraut und, wo es passt, auch Kümmel mitkochen.

- **Essig und Wein:** Viele Menschen wissen gar nicht, dass Wein in der Regel nicht zwingend vegan ist. Im gärenden Traubensaft werden die Schwebstoffe fast immer mit Gelatine gebunden, die bekanntlich ein tierisches Produkt ist. Aus diesem Grund verwende ich in meinen Rezepten ausschließlich naturtrüben Apfelsaft, Balsamicoessig ist leider auch selten vegan.

- **Honig und Zucker:** Dass Honig ein tierisches Produkt ist, ist vielen Vegan-EinsteigerInnen nicht bewusst. Ich achte auch darauf, dass ich so wenig Süßmittel wie nötig in meiner Küche einsetze. Wenn, dann verwende ich Vollrohrzucker, Agaven- und Apfeldicksaft und Reissirup. Für „rohköstliche" Süße ist eine Dattelpaste universell einsetzbar. Dazu entsteinte Datteln über Nacht mit Wasser bedeckt einweichen und im Standmixer oder mit dem Pürierstab zu einer feinen Paste rühren. In einem Schraubglas im Kühlschrank ist die Dattelpaste bis zu 14 Tage haltbar und mit einem Löffel können gut nach Belieben Teilmengen entnommen werden.

- **Öle und Fette:** Wenn in den Rezepten Pflanzenöl vorkommt, dann meine ich auch hier kalt gepresste Öle aus biologischem Landbau wie ein hoch erhitzbares (high oleic) Sonnenblumenöl, Raps- oder Olivenöl sowie Kokosfett zum Braten von Lebensmitteln. / Kokosöl nimmt in der bio-veganen Kochwelt einen hohen Status ein. Es ist durch seine gesunden Inhaltsstoffe und durch seinen angenehmen kokosnussigen Geschmack für die tägliche Verwendung ideal und kann sogar für die Hautpflege verwendet werden.

ERSATZPRODUKTE

„VEGANERINNEN UND VEGANER VERZICHTEN AUF NICHTS – SIE SIND NUR KREATIVER."

Dieses Motto begleitet mich seit meinem Umstieg auf die vegane Lebensweise und spornt mich zu immer neuen Rezepten und Speisenkreationen an. / In diesem Sinne reicht es, einige Produkte in deiner Küche einzuführen, die die bisher verwendeten tierischen Lebensmittel gut ersetzen können.

Tierische Milch
„Milch" aus Hafer, Soja und Reis ist inzwischen schon in jedem Supermarkt erhältlich und hat meist die gleichen Eigenschaften bei besserem Geschmack als Kuh- oder Schafmilch. / Aus nahezu jedem Getreide und vielen Nüssen lassen sich schmackhafte Drinks mit hohem pflanzlichem Eiweißgehalt herstellen – wie zum Beispiel Mandel- oder Hanfmilch. Kokosmilch aus dem Saft der Kokosnuss ist eine köstliche Grundzutat für die asiatische Küche wie auch eine feine Alternative für Desserts mit einer besonderen Note.

Rahm, Schlagobers
Cuisines aus Hafer, Soja, Dinkel, Kokos und Reis ersetzen lückenlos tierische Produkte mit dem Vorteil, gesünder und vor allem tierleidfrei zu sein. Hervorheben möchte ich die Hafer Cuisine, die in meinen Gerichten fast täglich irgendwo Verwendung findet, weil sie sowohl bei Kaltspeisen als auch beim Erhitzen von Speisen die besten Eigenschaften und den neutralsten und angenehmsten Geschmack hat. / Aus Soja ist inzwischen eine aufschlagbare Sahne erhältlich, die mit Sahnesteif und einem Handmixgerät auf das doppelte Volumen geschlagen werden kann.

Joghurt
Aus der Sojabohne wird mit Joghurtbakterien inzwischen seit Jahren erfolgreich und schmackhaft Joghurt in den verschiedensten Geschmacksrichtungen hergestellt. Besonders das Sojajoghurt Natur eignet sich 1:1 als Ersatz für das tierische Produkt für Saucen und Salatdressings und in abgetropfter Form für Cremes und Süßspeisen.

Eier
Vegane EinsteigerInnen haben oft den Wunsch, hre alten oftmals erprobten Kuchenrezepte einfach zu veganisieren, darum kommt oft die Frage nach einem Ei-Ersatz. Dazu findet man im Internet und in einschlägiger Literatur viele Vorschläge. Ich nenne nur einige davon, weil ich viele gut funktionierende vegane Rezepte kenne, die zwar aus anderen Zutaten gebacken werden, aber genau das gleiche Endergebnis hervorbringen wie Backwerke mit Eiern.

EI-ALTERNATIVEN ZUM BACKEN:

- *Banane:* Sehr reife Früchte eignen sich als Ei-Ersatz in süßem Gebäck, wobei eine halbe Banane für ein Ei steht.
- *Apfelmus:* Das Pektin im Apfel bindet auch süße Backwerke, für ein Ei nimmt man ca. 70 g Apfelmus als Ersatz.
- *Stärkemehl:* Da Stärke ja bekanntlich bindet, kann Stärkemehl sowohl in pikanten als auch in süßen

Speisen und Backwerken eingesetzt werden. Dazu einen Esslöffel Mais- oder Erdäpfelstärke mit wenig Wasser glattrühren und unter die Speisen mischen, anschließend entweder aufkochen oder backen.

- *Leinsamen:* 2 Esslöffel geschroteter Leinsamen bindet Flüssigkeiten in Brot und süßem Gebäck und bringt noch viele gesunde Ballaststoffe in dein Essen.

- *Sojamehl:* Für deftige Laibchen kann man es gut löffelweise einsetzen, bei Süßspeisen drängt sich bald der starke Geschmack vor und es empfiehlt sich, nicht mehr als max. 2 EL in einen Kuchen zu mischen (1/2 EL für 1 Ei).

- *Backpulver:* Biologisches Reinweinsteinbackpulver ist nahezu geschmacklos und macht jeden Teig locker und luftig, auch ganz ohne Eier.

- *Kichererbsen- und Maismehl:* Gemischt mit normalem Getreidemehl sind diese beiden Mehle ein gutes Bindemittel und der beste Ei-Ersatz für Palatschinken und Omeletten.

- *Nussmuse:* Sie eignen sich besonders für Backwerke wie Muffins oder Rührteige, weil die Nussmusse den Teig saftig machen und das nötige Eiweiß ins Backwerk bringen.

- *Ei-Ersatzpulver:* Unter dem Namen *MyEy* ist inzwischen ist auch ein pflanzliches Ei-Ersatzpulver in Bio-Qualität erhältlich, mit dem jedes Rezept einfach „veganisiert" werden kann.

Butter

Inzwischen gibt es auf dem Markt einige gute pflanzliche Margarinen in Bio-Qualität, die das Vorurteil von „Plastik im Essen" nicht mehr verdienen. Sie sind sowohl für Brotaufstriche wie auch für Kuchen und Kekse gut zu verwenden. / Aus Sonnenblumen- oder Cashewkernen, mit Wasser und Zitronensaft im Standmixer oder mit dem Pürierstab cremig gemixt, lassen sich auch ganz neutrale Aufstriche herstellen.

Käse

Die Hersteller sind schon längst auf den Zug aufgesprungen, veganer Käseersatz ist in allen Variationen auf dem Markt erhältlich. Nur wenige Sorten sind geschmacklich akzeptabel, in biologischer Qualität ist noch wenig zu bekommen. Das hat mehrere Gründe, einer davon sind die für mich teils fragwürdigen Inhaltsstoffe, die einen käseähnlichen Auftritt bei Geschmack und Konsistenz ermöglichen. In meinen Rezepten verwende ich deshalb keinen Käseersatz außer selbstgemachten Cashew-Parmesan (siehe Rezepte S. 38). Aus einer Béchamelsauce – zubereitet aus pflanzlicher Margarine und Pflanzenmilch und mit Hefeflocken verrührt – lässt sich ein cremiger Guss für Aufläufe oder Pizza zum Überbacken herstellen.

Fleisch, Wurst

Auch hier haben die Hersteller „Lunte gerochen" und produzieren Ersatzprodukte, die teils sogar beim Aussehen sehr mit den tierischen Originalen konkurrieren. Bei Bio-Lebensmitteln findest du auch hier gute Qualität. Aus Soja oder Weizen- und Dinkelgluten, aus Lupinen und anderen Stoffen werden Schnitzel, Würstchen und Aufschnitt hergestellt, die die bio-vegane Küche bereichern können. Ich sehe diese aber nicht als Ersatzprodukte, sondern als eigenständige Lebensmittel, die meine kreativen, tierleidfreien Kochideen enorm erweitern.

DEINE BIO-VEGANE VORRATSKAMMER

Das Genialste an veganen Lebensmitteln ist, dass sie meist monatelang und vor allem oft ungekühlt haltbar sind. Darum ist es auch viel leichter, stets einen gewissen Grundvorrat zu Hause zu haben, um jederzeit köstliche Gerichte kochen zu können. / Ich kaufe am Bio-Markt frisches Gemüse für ca. eine Woche ein, die übrigen Zutaten habe ich quasi immer vorrätig bzw. kaufe sie alle paar Wochen im großen Stil ein, um flexibel und kreativ und ganz nach persönlicher Tagesverfassung kochen zu können.

Hier ein paar Tipps für ein Lager aus biologischen Lebensmitteln für einen kleinen Haushalt (für mindestens 1–2 Wochen):

Ungekühlt:

- 5 l Haferdrink
- 3 l Sojamilch
- 1 l Reismilch
- 5 x 200 ml Hafer Cuisine
- 3 x 200 ml Soja Cuisine
- 2 x 200 ml Reis Cuisine
- 1 Packung grobe Sojaschnetzel
- 1–2 kg Reis (Natur- und Vollkornreis)
- 1 kg Vollkornnudeln
- 500 g Couscous
- 500 g Bulgur
- 1 kg Hirse
- 1 kg Dinkelvollkornmehl
- 1 kg Dinkelweißmehl
- 500 g Maisstärke
- 500 g Haferflocken
- 200 g Brösel
- 500 g Dinkelgrieß
- 500 g Polenta (Maisgrieß)
- 500 g Sojamehl
- 500 g Kichererbsenmehl
- 500 g Maismehl
- 250 g Seitanpulver
- 1 kg Linsen, Kichererbsen, Bohnen
- 250 g Sonnenblumenkerne
- 250 g Kürbiskerne
- 500 g Nüsse
- 200 g Cashewkerne
- 500 g verschiedene Nussmuse
- 1 Glas Senf
- 1 Glas Paradeismark
- 1 l Kokosöl
- 1 l Pflanzenöl zum Braten
- 500 ml gutes Salatöl
- 250 ml Sojasauce
- 1 kg Ur-Salz (Steinsalz)
- verschiedene Gewürze
- 200 g Hefeflocken
- 250 ml Agavendicksaft
- 500 g Vollrohrzucker
- 500 ml Reissirup
- 100 g vegane Schokolade
- 200 g Kakaopulver
- 4 Pkg. Weinsteinbackpulver
- 4 Pkg. Trockenhefe
- 500 g Trockenfrüchte

Gekühlt:

- 2 x Pflanzenmargarine
- 1 x Palmfett
- 1 x veganer Topfen
- 2 x Seidentofu Natur
- 1 x Sojajoghurt Natur
- 2 x Räuchertofu
- 2 x Weizenschnitzel oder -steak
- 250 ml Leinöl

Wenn du auch noch stets 2–3 Zitronen, 2 kg Erdäpfel, 1 kg Äpfel und 500 g Karotten parat hast und idealerweise frische Kräuter im Garten wachsen, dann kannst du schon mindestens die Hälfte der Rezepte aus dem Kochbuch augenblicklich nachkochen.

Bio-veganes Gewürzregal:

- Steinsalz und Sole aus Steinsalzbrocken
- Majoran
- Liebstöckel
- Pizzakräuter
- Rosmarin
- Bärlauch, getrocknet
- Knoblauchgranulat oder -paste
- Muskatnuss, gemahlen
- Koriander, gemahlen
- Chilipulver
- Curry
- Kurkuma
- Kümmel, ganz und gemahlen
- Kreuzkümmel
- Zimt
- Nelkenpulver

Chia-Samen, Lupinen und Co:

Du wirst in meinen Rezepten ohnehin keine allzu exotischen Zutaten finden, allerdings ist für UmsteigerInnen auf vegane Ernährung eventuell schon Seitanpulver und Hafer Cuisine eher fremd. Hab einfach den Mut, auch mit Produkten zu kochen, die du noch nicht kennst. / Lies dafür die Gebrauchshinweise und Zubereitungstipps auf der Verpackung genau durch, halte dich anfangs noch an Mengenangaben im Rezept, aber entwickle bald dein eigenes Gespür für bio-veganen Genuss auf deinem Teller. Dann holst du dir später nur mehr durch einen kurzen Blick in dieses Buch immer wieder Ideen für deine persönlichen Kreationen. / Gutes Gelingen und vor allem – viel Spaß dabei!

TEILS WITZIGE UND TEILS ERNST ZU NEHMENDE FRAGEN UND ANTWORTEN, MIT DENEN VEGANERINNEN UND VEGANER OFT KONFRONTIERT WERDEN

„Vegan? Da kannst du ja gar nichts mehr essen …"
Antwort: „Es gibt ja genug Gras auf den Wiesen und wenn es regnet, halte ich den Mund offen, um wenigstens ein paar tierleidfreie Tropfen Wasser zu ergattern." / Spaß beiseite – wenn du dich durch dieses Buch kochst, zeigst du der Welt und deinen Freunden, wie einfach und doch vielfältig und genussvoll gerade die vegane Küche ist.

„Rein Pflanzlich? Da isst du ja meinem Essen das Essen weg!"
Antwort: „Als friedliche Veganerin teile ich die Wiese mit den friedlichen Kühen." Oder ein bisschen deutlicher: „Nein, ich esse keine Antibiotika, künstlichen Hormone oder Tiermehl." / Fakt ist: Kühe fressen in den wenigsten Fällen noch Gras oder Heu, sondern werden mit Hochleistungsfutter, das oft auch noch nicht mal pflanzlichen Ursprungs ist, gefüttert. Dabei wird pro Kilo Rindfleisch etwa eine Menge von bis zu 14 kg Sojaschrot verbraucht, dazu kommt noch ein unglaublicher Wasserbedarf, der 100 Mal höher ist als bei der Produktion von 1 kg Getreide.

„Bekommst du da keinen Mangel an Vitamin B12?"
Antwort: „Es ist nett, dass du dich plötzlich so um meine Gesundheit sorgst." / Studien berichten: VeganerInnen haben nicht häufiger einen Mangel an bestimmten Vitaminen und Mineralstoffen als FleischesserInnen, da sie sich meistens viel gesünder, abwechslungsreicher und bewusster ernähren. / Hier liegst du auch wieder bei Bio-Gemüse und -Obst richtig, besonders, wenn du die Möglichkeit hast, es aus dem eigenen Garten zu holen. Es gibt ja keine Spritzmittel, die du akribisch abwaschen müsstest. Im Gegenteil: Ideal wäre es, nur grobe Verschmutzungen abzuklopfen und viel roh zu genießen, da in Erdresten viele Mikroorganismen leben, die dich mit Vitamin B12 versorgen. Daneben sind Pilze eine nennenswerte Quelle – braune Champignons schmecken roh verzehrt übrigens köstlich! Im Internet kannst du dir Infos holen, wie viel von diesem viel diskutierten Vitamin wo drin ist. Ich möchte hier keine absoluten Zahlen publizieren, da die Angaben oft schwanken. Vitamin B12 ist nur in ganz geringen Dosen nötig und bleibt auch lange Jahre im Körper gespeichert – ein echter Mangel kann meines Erachtens nach nur durch extrem einseitige Ernährung ohne Frischkost entstehen.

Ich persönlich lasse mich nicht mehr in Diskussionen verwickeln. Es verändert die Welt weit mehr, einfach einen Weg vorzugehen, als stehenzubleiben und die Nachkommenden vom richtigen Ziel überzeugen zu wollen. / Mein Weg ist es, einfach zu TUN – vegan zu leben, mich biologisch mit pflanzlichen Zutaten zu ernähren und darüber zu reden und zu schreiben. / Ich durfte dadurch schon viele Begleiterinnen und Mitwanderer gewinnen, denen es Spaß macht, freudvoll leichtfüßig durch die Welt zu gehen und nicht mehr direkt verantwortlich zu sein für unnötiges Tierleid. / Man findet so viele kulturelle und ethische Unterschiede bei uns Menschen. Es gibt für mich auch keine allgemein und überall gültigen Wahrheiten und Weisheiten. / Darum möchte ich nicht nur für mich, sondern für uns alle hier im deutschen Lebensraum sprechen, wenn ich sage: *Wir sollten dankbar sein, leichten Zugang zu wunderbaren pflanzlichen Lebensmitteln zu haben. Und es ist für mich eine Passion, dadurch die Welt mit mehr Frieden und Liebe zu verändern.*

ÜBER MICH

Wenn man so wie ich schon ein halbes Jahrhundert auf diesem Planeten lebt, hat man klarerweise schon einige Erfahrungen machen dürfen und viele verschiedene Wege beschritten.

Ich habe gemeinsam mit meinem Mann Herbert zwei wunderbare Kinder großgezogen, habe in der Stadt und auf dem Land gelebt, sogar einen kleinen Bauernhof mit Schafen, Kaninchen und Hühnern gehabt und bin auch viele Jahre mit Wohnmobilen durch die Gegend gereist.

Meine Hobbys sind sehr vielfältig und es würde zu lange dauern, alle Jobs aufzulisten, die ich schon in meinem Leben mehr oder weniger lang gemacht habe. Was sich aber seit meiner Jugend wie ein roter Faden durchzieht, ist die Freude am Kochen, am kreativen Experimentieren mit Kochrezepten und Lebensmitteln. Natürlich brauchte ich dafür viele liebe ProbandInnen, die das auch immer gegessen haben, davon gab es in meinem Leben zum Glück immer genug.

Viele Jahre schon ernährten wir uns vegetarisch, als ich gleich nach Erscheinen das Buch „Peace food" von Dr. Ruediger Dahlke in die Hände bekam. Ich las darin so viele Fakten und Infos rund um eine fleischlose Ernährung, die mich teils schockierten und teils anspornten, meinen Lebensstil sofort auf vegan umzustellen. Was ich dann persönlich erlebte, war interessant. Viele Menschen sorgen sich beim Umstieg auf eine vegane Lebensweise darum, so viel weglassen und auf noch mehr verzichten zu müssen.

Genau dieser Umstand entfesselte in mir jedoch noch mehr Kreativität bei der Zusammenstellung unserer Mahlzeiten – niemals vorher habe ich so kühne Rezepte und Gaumenkitzel ausprobiert wie jetzt.

Im März 2013 gründeten mein Mann und ich den *BioVeganVersand.* Wir richteten einen Online-Shop für biologische und pflanzliche Produkte ein und beliefern seitdem ganz Österreich und Deutschland. Die Idee dahinter war, dass wir uns selbst unkompliziert mit allen feinen Sachen versorgen können, die für den veganen Lebensstil unumgänglich sind. Inzwischen sind wir zu einem erfolgreichen Familienunternehmen gewachsen, das den Puls der Zeit erkannt hat. Wir freuen uns über deinen Besuch auf *www.bioveganversand.at.*

Eigentlich fasziniert mich beim bio-veganen Kochen am meisten, mit einfachen und vor allem wenigen Zutaten, aber mit Gewürzen, Kräutern und frischen biologischen Lebensmitteln wahre Geschmacksfeuerwerke zu produzieren. Und ganz besonders wichtig ist auch die Liebe, die in bio-vegane Speisen mit einfließt sowie die Freude am Genuss, der so unkompliziert und auch ohne die Vermehrung von Tierleid zu erfahren ist.

BIO-VEGAN FÜR KINDER?

Ich bin selbst keine Ernährungsberaterin, aber ich habe immer wieder mit solchen zusammengearbeitet und selbst viele Erfahrungen mit verschiedenen Ernährungsformen sammeln dürfen.

Mütter, die sich selbst vegan ernähren, interessieren sich oft mehr für eine gesunde, abwechslungsreiche Ernährung. Eine schwangere „Pudding-Veganerin" wird wohl bald genauso Mangelerscheinungen haben wie ein „Fast-Food-Junkie".

Da empfehle ich, sich durch den Dschungel von vielen, vielen Internetseiten und Büchern mit veganen Inhalten zu stöbern und ein Grundwissen über Vitamine, Mineralstoffe und Vitalstoffe aufzubauen.

Wenn's aber ums Thema Bio geht, sehe ich mich schon als Expertin und kann dir sagen: Gib deinem Kind von Beginn an biologische Lebensmittel!

In den letzten Jahrzehnten sind Allergien und Nahrungsmittelunverträglichkeiten enorm häufig geworden, oft sind bereits Babys und Kleinstkinder davon betroffen. Wir muten unserem Körper durch Pestizide, Fungizide und künstliche Düngestoffe so viel zu, dass er sich wehren muss, um sich gegen diese auf Dauer lebensbedrohenden Substanzen zu schützen.

In meiner „Bio-Ladenzeit" habe ich immer wieder Mütter getroffen, die nur ein paar Stück Bio-Gemüse für ihr Baby gekauft haben. Sie taten das aus einem inneren Gefühl und einem gesunden Menschenverstand heraus, um diesen kleinen Körper noch von Giften zu verschonen. Oft entsteht erst durch eine neue Erdenbürgerin oder einen neuen Erdenbürger ein Verstehen für die Zusammenhänge von Natur und Mensch – und eine bewusste, tierleidfreie Einstellung führt folgerichtig schließlich zu einer biologischen Ernährung.

Und unsere Kinder haben ohnehin ein angeborenes Mitgefühl für unsere Welt und Umwelt. Wenn man sie nicht um-erzieht, werden sie, sobald sie sprechen können, TierfreundInnen und TierschützerInnen mit Vorbildwirkung für uns alle sein.

FRÜHLING

CREMIGE WILDKRÄUTERSUPPE

FÜR 2 PERSONEN

1 kleine Zwiebel
2 EL Sonnenblumenöl
2 große Erdäpfel, roh und geschält
1/2 TL Muskatnuss, gerieben
1/2 TL Kurkuma
1 TL Steinsalz
2 Handvoll Kräuter aus dem Garten (Brennnessel, Vogelmiere, Zitronenmelisse, Löwenzahn etc.)
1 EL Apfelessig

Gänseblümchen oder gehackte Kräuter zum Garnieren

1 Zwiebel in Sonnenblumenöl einige Minuten andünsten. Die Erdäpfel auf einer Gemüsereibe grob raspeln und ebenfalls mit anbraten. Gewürze und Salz dazugeben und alles mit Wasser aufgießen und zum Kochen bringen.

2 Inzwischen die Kräuter von Erdresten freischütteln und grob hacken – falls Brennnesseln dabei sind, empfiehlt es sich, Küchenhandschuhe anzuziehen.

3 Die Kräuter noch ca. 1–2 Minuten in der Suppe mitkochen lassen. Die Suppe dann vom Herd nehmen, mit einem Pürierstab zermusen und mit einem Schuss Apfelessig abschmecken.

4 Auf Tellern anrichten und mit ein paar Gänseblümchen oder klein gehackten Kräutern garniert servieren.

TIPP: Mit den oben genannten Kräutern schmeckt die Suppe frisch und pikant, du kannst aber auch viele andere Kräuter aus der Natur verwenden, die du kennst und gerne hast. Achte nur darauf, dass der Anteil von Bitterstoffen eher gering bleibt. / Zum Garnieren passt auch ein Tupfen Sojaschlagsahne gut zur Suppe.

KRENSUPPE

FÜR 2 PERSONEN

50 g Pflanzenmargarine
3 EL Dinkelweißmehl
500 ml Hafermilch
1 TL Steinsalz
1/2 TL getrockneter Liebstöckel
ca. 50 g Kren, gerieben

etwas Zitronenmelisse zum Garnieren

1 Pflanzenmargarine im Topf schmelzen, Mehl dazugeben und mit dem Schneebesen unterrühren. Bei mittlerer Hitze langsam und unter ständigem Rühren die Hafermilch einfließen lassen. Besonders am Anfang klumpt das Mehl leicht, deshalb mit dem Schneebesen so lange rühren, bis sich die Stückchen aufgelöst haben und eine sämige Béchamelsauce entstanden ist.

2 Die Suppe mit Steinsalz und getrocknetem Liebstöckel würzen und 1–2 Minuten köcheln lassen. Inzwischen den Kren fein reiben, Dreiviertel davon in die heiße Suppe einrühren und ziehen lassen.

3 Beim Servieren die Suppe mit dem restlichen Kren und etwas Zitronenmelisse dekorieren.

HAFERFLOCKENBRATLINGE MIT SCHNITTLAUCHCREME

FÜR 2 PERSONEN

Für die Haferflockenbratlinge
1 Tasse Haferflocken
1 Tasse kräftige Gemüsebrühe, kochend
2 Karotten
1 große Zwiebel
1 Prise Chili, gemahlen
1 TL getrocknete Pizzakräuter
Steinsalz nach Belieben
150 ml Soja Cuisine
3 gehäufte EL Dinkelweißmehl

Kokosfett zum Braten

Für die Schnittlauchcreme
200 ml Sojajoghurt Natur
viel Schnittlauch, fein geschnitten
1 Handvoll gehackte Kräuter oder 1 EL getrocknete Kräuter
1 Prise Steinsalz
1 Prise weißer Pfeffer

1 Haferflocken in die kochende Gemüsebrühe einrühren, vom Herd nehmen und 1/2 Stunde überkühlen und quellen lassen. Inzwischen die Karotten waschen und fein raspeln, Zwiebel hacken und beides zur Haferflockenmasse geben. Mit Chili, getrockneten Pizzakräutern und Steinsalz kräftig abschmecken. Anschließend mit Soja Cuisine und dem Mehl verrühren – es soll eine feste Konsistenz entstehen.

2 Mit einem Löffel am Schüsselrand ca. 5–6 cm große Laibchen vorformen und in eine Pfanne mit erhitztem Kokosfett gleiten lassen. Von beiden Seiten je 3–4 Minuten goldgelb braten, dabei nur einmal wenden.

3 Als Beilage passt gut eine Schnittlauchcreme. Dazu Sojajoghurt Natur glattrühren, mit fein geschnittenem Schnittlauch sowie frischen gehackten oder getrockneten Kräutern vermengen und mit Salz und weißem Pfeffer abschmecken.

PILZGULASCH MIT ERDÄPFELKNÖDELN

FÜR 2 PERSONEN

Für das Pilzgulasch
1–2 mittelgroße Zwiebeln
2 Lorbeerblätter
3 EL Pflanzenöl
1/4 TL Steinsalz
150 g Champignons oder Pilze nach Wahl
3 EL Paradeismark
2–3 EL Sojasauce
250 ml Wasser

Zum Binden der Sauce
50 ml Wasser
1 EL Maisstärke
1 EL Apfelessig

250 g Weizensteak oder -schnitzel

Für die Erdäpfelknödel
Für 4 Personen als Beilage
500 g mehlige Erdäpfel
150 g Dinkelweißmehl
2 EL Maisstärke
2–3 EL Sojamilch
2 EL Rapsöl
1 TL Steinsalz
1/2 TL Muskatnuss, gerieben

Dinkelweißmehl zum Bestäuben
Steinsalz für das Kochwasser
gehackte Petersilie zum Garnieren

1 Für das Pilzgulasch die Zwiebeln fein würfeln und mit Lorbeerblättern und Steinsalz in Pflanzenöl in einem Topf mit geschlossenem Deckel anbraten. Bei kleiner Hitze 5–6 Minuten weiterdünsten, dabei ab und zu umrühren.

2 Champignons oder andere Pilze nach Wahl klein schneiden und zu den Zwiebelwürfel geben, weitere 10 Minuten zugedeckt rösten und immer wieder umrühren. Paradeismark und Sojasauce eingießen und mit dem Wasser ablöschen. Aufkochen lassen und die Sauce mit einem gut verrührten Gemisch aus Wasser, Maisstärke und Apfelessig eindicken.

3 Weizensteaks oder -schnitzel in mundgerechte Stücke schneiden, in der Sauce kurz mitkochen und anschließend noch einige Zeit ziehen lassen.

4 Für die Erdäpfelknödel die Erdäpfel je nach Größe ca. 1/2 Stunde weich kochen und schälen.

5 Anschließend mit einer Erdäpfelpresse oder einer Gabel in einer Schüssel so fein wie möglich zerdrücken.

6 Alle weiteren Zutaten unterkneten und die Masse auf einem bemehlten Brett zu einer länglichen Rolle formen. Mit dem Messer in etwa 8–10 gleich große Teile schneiden und daraus Knödel mit ca. 5 cm Durchmesser formen.

7 In einem großen Topf Wasser mit 1 TL Steinsalz zum Kochen bringen, die Knödel einlegen und ca. 10–15 Minuten bei Mittelhitze leicht köcheln lassen. Wenn sie oben schwimmen, herausheben und heiß mit dem Pilzgulasch sowie mit Petersilie garniert servieren.

TIPP: Nimm dir die angegebene Zeit für das Rösten und Dünsten von Zwiebeln und Pilzen – durch die Röststoffe, die dabei entstehen, wird der Saft für diese Weizensteak-Spezialität erst so richtig pikant! / Die Knödel können auch mit einem 2 cm großen Würfel Räuchertofu gefüllt werden, dann schmecken sie besonders fein!

GRÜNKERN-BURGER

FÜR 2 PERSONEN

Für den Grünkern-Burger
1 1/2 Tassen Wasser
1 EL getrockneter Majoran
1 TL Curry
1 TL Steinsalz
1 Tasse Grünkernschrot
2 EL Olivenöl

Olivenöl zum Braten

Für die Ketchupsauce
4 EL Paradeiserketchup
4 EL Hafer Cuisine
2 gehäufte EL Sojajoghurt Natur
Chili, gemahlen
1 TL Zitronensaft oder Apfelessig

Zusätzlich
2–3 Semmeln oder Wachauerlaibchen
2–3 Salatblätter
1 Paradeiser in Scheiben

1 Wasser mit den Gewürzen und dem Steinsalz erhitzen. Grünkernschrot in das gut gewürzte Wasser mit dem Schneebesen einrühren, Öl untermengen, den Topf sofort vom Herd nehmen und mindestens 1 Stunde, am besten über Nacht, auskühlen lassen.

2 Mit leicht feuchten Händen aus der Masse 2–3 große, flache Laibchen formen und diese in Olivenöl je 3–4 Minuten von beiden Seiten knusprig anbraten.

3 Für die Ketchupsauce Paradeiserketchup mit der Hafer Cuisine und dem Joghurt verrühren, mit gemahlenem Chili sowie Zitronensaft oder Apfelessig verfeinern.

4 Semmeln oder Wachauerlaibchen halbieren, auf der Innenseite antoasten, die untere Hälfte mit einem Salatblatt und Paradeiserscheiben belegen. Einen Grünkernbratling darauflegen und einen großen Klecks Ketchupsauce darauf verteilen, mit der zweiten Hälfte des Brötchens abdecken und servieren.

KÜRBISKERN-KNUSPERSCHNITZEL MIT BÄRLAUCHDIP

FÜR 2 PERSONEN

Für die Kürbiskern-Knusperschnitzel
250 g Weizenschnitzel
100 ml Hafer Cuisine
2 EL Weizenmehl
1 Prise Steinsalz
Chili, gemahlen
100 g Kürbiskerne

Kokosfett zum Braten

Für den Bärlauchdip
100 g veganer Topfen
1–2 EL Leinöl
1 TL Senf
1 Prise Steinsalz
1 Handvoll gehackter Bärlauch

1 Weizenschnitzel in ca. 5 cm große Stücke schneiden. Aus Hafer Cuisine und dem Mehl in einem tiefen Teller eine cremige Sauce zusammenrühren und mit Steinsalz und gemahlenem Chili kräftig abschmecken.

2 Kürbiskerne grob hacken und in einem zweiten Teller bereitstellen. In der Pfanne Kokosfett langsam erhitzen. Die Schnitzel in der Hafercreme wenden, überschüssige Creme abtropfen lassen und anschließend im Kürbiskern-Sesam-Gemisch panieren.

3 Von beiden Seiten in der Pfanne bei geringer Hitze ca. 1–2 Minuten kross anbraten, dabei nicht zu stark bräunen lassen.

4 Für den Bärlauchdip veganen Topfen mit Leinöl und Senf verrühren, den Dip leicht salzen und den grob gehackten Bärlauch unterheben.

TIPP: Als Garnitur passen sehr gut Kürbiskerne, etwas gehackter Bärlauch, aber auch essbare Blüten.

VEGANE GEMÜSEQUICHE

FÜR EINE RUNDE TORTENFORM
ODER EINE QUICHEFORM (22 CM Ø)

Für den Quicheteig

175 g Mehl
80 g Pflanzenmargarine
1–2 EL kaltes Wasser
1/2 TL Steinsalz

Für den Guss

300–400 g Gemüse der Saison
200 g Räuchertofu
200 ml aufschlagbare Sojasahne
250 g Sojajoghurt Natur
1/2 TL Steinsalz
1 Prise Kurkuma
1 Prise Chili
3 EL Olivenöl
1 TL Pfeilwurzelstärke
1 gehäufter EL Kichererbsenmehl

1 Aus Mehl und Pflanzenmargarine unter Zugabe von wenig kaltem Wasser sowie Steinsalz einen glatten Mürbteig kneten und diesen 20 Minuten kühl rasten lassen. Inzwischen das Gemüse klein schneiden oder raffeln, eventuell kurz blanchieren und auskühlen lassen.

2 Den Quicheteig gleichmäßig in eine Torten- oder Quicheform hineindrücken, dabei seitlich einen kleinen Rand hochziehen. Das zerkleinerte Gemüse auf dem Teigboden verteilen.

3 Für den Guss Räuchertofu, aufschlagbare Sojasahne und das Joghurt mit dem Pürierstab zerkleinern. Steinsalz, Kurkuma, Chili und Olivenöl sowie Pfeilwurzelstärke und Kichererbsenmehl untermengen. Noch einmal alles mit dem Pürierstab gut vermengen und dann über das Gemüse gießen.

4 Im auf 180 °C vorgeheizten Backrohr ca. 25–30 Minuten backen, bis die Oberfläche leicht gebräunt ist.

TIPP: Die Quiche lässt sich besser schneiden, wenn sie vor dem Servieren noch 15 Minuten in der Form rasten darf. / Falls du statt Räuchertofu lieber Naturtofu verwendest, sollte der Belag für die Quiche etwas stärker gewürzt werden. / Als Beilage passt sehr gut ein frischer Blattsalat.

WILDKRÄUTER-SMOOTHIE

FÜR 2 PERSONEN

1 Handvoll Wildkräuter wie Löwenzahn, Vogelmiere, Giersch, Kerbel, Beinwell, Zitronenmelisse
1 Apfel
3 Datteln, einige Stunden in Wasser eingelegt
1/4 l Reismilch
1 Zitronenscheibe, gefroren

1 Zitronenscheibe zum Garnieren

1 Die gesammelten Kräuter grob hacken.

2 Den Apfel vom Kerngehäuse befreien, samt Schale in Stücke schneiden und gemeinsam mit den Kräutern in den Mixer füllen. Die eingeweichten Datteln dazugeben und mit der Reismilch auffüllen.

3 Abschließend die gefrorene Zitronenscheibe dazugeben und alles auf höchster Stufe fein pürieren. Mit einer Zitronenscheibe garniert servieren.

TIPP: Mit diesem Smoothie kannst du nach dem langen Winter deine leeren Vitamin- und Mineralspeicher wieder auffüllen.

CASHEW-PARMESAN

FÜR 2–3 PERSONEN

2 EL Cashewkerne
2 EL Hefeflocken
1/2 TL Steinsalz

1 Alle Zutaten zusammen nur kurz mit dem Standmixer mixen – dabei alle paar Sekunden das Mixen unterbrechen. Die Masse soll nur zerkleinert und vermengt, nicht aber zermust werden.

TIPP: Dieser vegane Parmesan ersetzt 1:1 das tierische Produkt. Er dient als würziger Belag auf einer Pizza genauso wie als Häubchen auf Spaghetti Pomodoro oder einem Erdäpfel-Gemüse-Auflauf.

PIKANTE BÉCHAMELSAUCE ZUM ÜBERBACKEN

FÜR 3–4 PERSONEN

50 g Margarine
2–3 EL Dinkelweißmehl
500 ml Hafermilch
1/2 TL Steinsalz
1/2 TL Muskatnuss, gemahlen
2 EL Hefeflocken

2–3 EL Cashew-Parmesan zum Bestreuen

1 Die Margarine in einem Topf bei mittlerer Hitze schmelzen lassen und mit dem Schneebesen das Mehl einrühren. Unter ständigem Rühren schluckweise die Hafermilch dazugießen – durch stetiges kräftiges Rühren immer sichergehen, dass keine Mehlstückchen in der Sauce verbleiben und alles schön cremig wird.

2 Dann mit Steinsalz, gemahlener Muskatnuss und Hefeflocken würzen und über einen Auflauf oder auch auf ein Blech Gemüsepizza gießen, mit Cashew-Parmesan bestreuen und im Backrohr überbacken.

CASHEW-PARMESAN

REISPAPIERROLLEN MIT ERDNUSSCREME

FÜR 2 PERSONEN

Für die Reispapierrollen
400 g Weißkraut
1 große Karotte
1–2 EL Apfelessig
1 Prise Steinsalz
1/2 TL Kreuzkümmel, ganz
1/2 TL Koriander, gemahlen
etwas Chili, gemahlen
2–3 EL Sesam- oder Sonnenblumenöl

4 Reisblätter (im Asialaden erhältlich)
frische Sprossen zum Garnieren
evtl. Chili zum Garnieren

Für die Erdnusscreme
130 g Erdnussmus Crunchy (inkl. Erdnussstückerln)
125 ml Kokosmilch
1/2 TL Curry
1 TL Senf
1 Prise Steinsalz

1 Für die Reispapierrollen Weißkraut und Karotten fein schneiden und raspeln, mit Apfelessig, Steinsalz und den Gewürzen in einer Schüssel gut vermengen. Anschließend mit Öl beträufeln und einige Stunden ziehen lassen.

2 Für die Erdnusscreme das Erdnussmus mit der Kokosmilch verrühren. Curry, Senf und Salz untermischen.

3 Die Reisblätter in einer großen Schüssel mit kaltem Wasser 1–2 Minuten einweichen.

4 Danach die Reisblätter einzeln aus dem Wasser holen, etwas abtropfen lassen und auf einem großen Teller flach auflegen. Mit der Erdnusscreme bestreichen, in die Mitte eine Gabel voll mariniertes Karotten-Kraut legen, das Reispapier von 4 Seiten jeweils ca. 2 cm einschlagen und dann von einer Seite her aufrollen.

5 Zum Servieren die köstlichen Rollen mit frischen Sprossen sowie eventuell etwas Chili garnieren. Du kannst auch das restliche Karotten-Kraut dazureichen.

TIPP: Die Reispapierrollen können prima schon am Vortag gemacht und dann mit Frischhaltefolie bedeckt im Kühlschrank gelagert werden. / Aus den Reisblättern lassen sich mit Nussmusen und Früchten auch süße Desserts zaubern, die gut zu einem asiatischen Menü passen.

EIFREI-SPEIS

FÜR 2 PERSONEN

250 g Seidentofu Natur
50 ml Hafer Cuisine
1/2 TL Kurkuma oder mehr (für die Farbe)
1/4 TL Steinsalz
1–2 große Zwiebeln
2–3 EL Rapsöl
200 g Räuchertofu

gehackte Petersilie zum Garnieren

1 Seidentofu mit einer Gabel fein zerdrücken und mit Hafer Cuisine, Kurkuma und Steinsalz verrühren. Zwiebeln klein hacken und in der Pfanne mit Rapsöl bräunen lassen.

2 Inzwischen den Räuchertofu in kleine Würfel schneiden, zu den Zwiebelwürfel dazugeben und einige Minuten kross anbraten – zum Garnieren ein paar Räuchertofuwürferl entnehmen.

3 Nun die gelb gefärbte Tofumasse dazugeben und kurz mitbraten. Mit den Räuchertofuwürferln und gehackter Petersilie bestreut servieren.

GRIESSPUDDING MIT KOMPOTT

FÜR 2 PERSONEN

400 ml Hafermilch
200 g Dinkelvollkorngrieß
1 Pkg. Vanillepuddingpulver
3–4 EL Wasser
3 EL Reissirup

etwas eisgekühlte Hafer Cuisine zum Garnieren
1 Prise gemahlener Zimt zum Bestreuen

1 Die Hafermilch zum Kochen bringen und den Grieß unter ständigem Rühren mit dem Schneebesen einrieseln lassen.

2 Das Vanillepuddingpulver mit 3–4 EL Wasser glattrühren und ebenfalls zur Grießmasse geben. Kurz aufkochen lassen und mit Reissirup süßen, anschließend in Förmchen füllen und kalt stellen.

3 Vor dem Servieren mit eisgekühlter Hafer Cuisine verzieren und mit einem Hauch Zimt bestreuen.

TIPP: Der Grießpudding kann auch abwechselnd mit einem beliebigen Kompott in ein Glas geschichtet werden, allerdings wird er dann durch den Saft des Kompotts etwas weniger fest. So kannst du nach dem Winter mit diesem Pudding sehr gut die eingekochten Kompottvorräte verbrauchen, bevor die Saison wieder mit frischem Obst lockt.

SCHOKOMOUSSE MIT EINGELEGTEN KIRSCHEN

FÜR 2 PERSONEN

Für die Schokomousse
130 g dunkle Kuvertüre
2 Pkg. Sojaschlagsahne
2 Pkg. Sahnesteif

geraspelte Zartbitterkuvertüre zum Garnieren

Für die eingelegten Kirschen
1 Glas Kirschkompott
3–4 EL Rum
2–3 EL Agavensirup

1 Für die eingelegten Kirschen das Kirschkompott am Vortag zuerst abtropfen lassen und anschließend in einer Schüssel mit Rum und etwas Agavensirup einige Stunden marinieren.

2 Für die Schokomousse dunkle Kuvertüre im Wasserbad schmelzen, glattrühren und etwas überkühlen lassen.

3 In der Zwischenzeit die gut gekühlte aufschlagbare Sojasahne mit dem Mixer 1 Minute aufrühren und nach und nach das Sahnesteif einrieseln lassen. Dann auf höchster Stufe in mindestens 5 Minuten zu einer möglichst festen Konsistenz schlagen – dabei die Schüssel oben mit Backpapier so gut wie möglich abdecken, da das Schlagobers anfangs stark spritzt.

4 Den Mixer auf kleinste Stufe zurückschalten und die weiche Kuvertüre zügig einrühren.

5 Die Schokomousse noch 1–2 Stunden in den Kühlschrank stellen.

6 Zum Servieren mit zwei Löffeln Nockerl formen und mit den eingelegten Kirschen sowie etwas geraspelter Zartbitterkuvertüre garnieren.

TIPP: Als Variante kannst du die Schokomousse auch aus abgetropftem Sojajoghurt Natur herstellen. Dazu 500 g Sojajoghurt über Nacht in einem mit einem Tuch ausgelegten Sieb abtropfen lassen. / In das feste Sojajoghurt die 130 g geschmolzene und ausgekühlte dunkle Kuvertüre sowie 2–3 EL Agavensirup einrühren und die Schokomousse einige Stunden kühl stellen. (Diese Masse wird ein wenig fester und mengenmäßig weniger als im obigen Rezept.)

HIRSE-KRÄUTER-BRÖDLIS

FÜR 2 PERSONEN

350 g Dinkelweißmehl
100 g Hirse, gemahlen
2 EL Keimlingsmehl
(oder Maisstärke)
1 Pkg. Trockenhefe
1 1/2 TL Steinsalz
1 TL Kümmel, gemahlen
300 ml lauwarmes Wasser
1 große Handvoll frische Kräuter, gehackt

Mehl zum Bestäuben
zimmerwarme Hafer Cuisine zum Bestreichen
Hirse zum Bestreuen

1 Dinkelweißmehl mit gemahlener Hirse und Keimlingsmehl (oder Maisstärke) verrühren. Trockenhefe, Steinsalz und gemahlenen Kümmel gut mit der trockenen Masse vermischen und dann mit lauwarmem Wasser schnell zu einem glatten Teig verrühren. Den Teig bei Zimmertemperatur mindestens 1 Stunde zugedeckt aufgehen lassen – sein Volumen sollte sich dabei fast verdoppeln.

2 Im Anschluss die gehackten Kräuter untermengen, in der Schüssel eine Teigrolle vorformen und diese auf ein bemehltes Brett gleiten lassen.

3 Mit dem Messer 10–12 Teigstücke abschneiden, diese jeweils in Mehl wenden, zu kleinen runden Brödlis formen und auf ein Backblech setzen. Anschließend nochmals 1/2 Stunde gehen lassen.

4 In der Zwischenzeit den Backofen auf 220 °C vorheizen. Die Brödlis noch mit zimmerwarmer Hafer Cuisine bestreichen und mit ganzen Hirsekörnern bestreuen. Im Backrohr ca. 20–25 Minuten knusprig backen und dann auf einem Kuchengitter auskühlen lassen.

Basilic
Basil

DINKEL-KORIANDER-MUFFINS MIT ZUCKERBLÜTENGUSS

FÜR 2 PERSONEN

Für die Dinkel-Koriander-Muffins
250 g Dinkelvollkornmehl
1 EL Maisstärke
100 g Vollrohrzucker
1 Pkg. Weinsteinbackpulver
1 TL Koriander, gemahlen
1 Prise Steinsalz

60 ml Sonnenblumenöl oder Rapsöl
210 ml Sojamilch
Saft von 1/2 Zitrone

Für die Zuckerglasur
3 EL Staubzucker
1–2 TL Zitronensaft

getrocknete, essbare Blüten zum Garnieren

1 Mehl mit Maisstärke, Zucker und Backpulver sowie dem gemahlenen Koriander und 1 Prise Salz trocken verrühren.

2 In einem Messbecher das Sonnenblumen- oder Rapsöl mit Sojamilch auf 250 ml aufgießen. Den Zitronensaft einrühren, damit die beiden Flüssigkeiten besser emulgieren, sich also zu einer cremigen Masse verbinden. Diese Creme zu den trockenen Zutaten gießen und zügig durchrühren, sodass keine Mehlklumpen mehr zu sehen sind.

3 Die Masse auf 12 Muffin-Backförmchen aufteilen und bei 180 °C ca. 25–30 Minuten im nicht vorgeheizten Backrohr backen.

4 Auf einem Kuchengitter auskühlen lassen und währenddessen aus Staubzucker und wenig Zitronensaft eine Glasur rühren. Die Muffins damit bestreichen und noch bevor die Glasur fest wird, getrocknete, essbare Gartenblüten hineindrücken.

VARIATIONEN: Dieser Muffin-Grundteig lässt sich auf vielerlei Weise abwandeln – du kannst Apfel- oder Birnenstückchen oben drauflegen, Schokoladensplitter oder Rosinen untermischen oder mit 1 EL Kakaopulver einen dunklen Schokoteig zubereiten.

SOMMER

MANGOLDSUPPE MIT GEBRATENEN ERDÄPFELWÜRFERLN

FÜR 4 PERSONEN

Für die Mangoldsuppe
ca. 500 g Mangold

2 TL Steinsalz
Pfeffer nach Belieben
2–3 Knoblauchzehen, fein geschnitten
3 EL Olivenöl

ca. 750 ml Wasser

Für die Erdäpfelwürferl
4 mittelgroße Erdäpfel, gekocht
2 EL Olivenöl
1 Prise Steinsalz
1 Prise Kurkuma

1 Mangold in Streifen schneiden und mit Salz, Pfeffer und fein gehacktem Knoblauch in Olivenöl kurz anbraten, dabei den Deckel auf den Topf geben und die Mangoldstreifen zwischendurch immer wieder durchrühren. Mit Wasser aufgießen und die Suppe 5 Minuten kochen lassen. Anschließend den Mangold mit dem Pürierstab pürieren.

2 Für die Erdäpfelwürferl inzwischen die gekochten Erdäpfel schälen, in 1 cm große Würferl schneiden, in einer Pfanne in Olivenöl mit Salz und Kurkuma knusprig anbraten und beim Servieren als Deko über die Suppe geben.

TIPP: Falls die Suppe cremiger sein soll: 50 ml Wasser mit 1 EL Maisstärke glattrühren und in die Suppe einfließen lassen, die Suppe kurz aufkochen und anschließend vom Herd nehmen. / Diese Suppe gelingt mit frischem oder Tiefkühlspinat natürlich genauso fein!

GRIESSKNÖDERLSUPPE MIT SCHNITTLAUCH

FÜR 2 PERSONEN

Für die Grießknöderl
125 ml Wasser
1/2 TL Steinsalz
2 Prisen Muskatnuss, gerieben
30 g Pflanzenmargarine
80 g Vollkorngrieß (Dinkel-, Weizen- oder Maisvollkorngrieß)
2–3 EL Erdäpfelstärke

Für die Suppe
1 große Karotte
1 gelbe Rübe
1 Knollensellerie
etwas Lauch
1 TL Steinsalz
1–2 EL Sonnenblumenöl
1 Prise Kurkuma

1 Bund fein geschnittener Schnittlauch zum Bestreuen

1 Wasser mit dem Steinsalz, geriebener Muskatnuss und der Pflanzenmargarine kurz aufkochen. Den Grieß einrühren, den Topf vom Herd nehmen und die Masse zusammen mit der Erdäpfelstärke zu einem festen Teig rühren. Anschließend 1/4 Stunde rasten lassen.

2 Für die Suppe das Suppengemüse klein schneiden oder auf der Gemüsereibe raffeln. In einem Topf mit Steinsalz und Sonnenblumenöl zugedeckt auf kleiner Flamme andünsten, mit Wasser aufgießen und mit etwas Kurkuma färben.

3 Inzwischen aus der Grießmasse kleine Knöderl mit ca. 2–3 cm Durchmesser formen – wenn der Teig zu klebrig sein sollte, noch 1 TL Speisestärke dazukneten.

4 Die Suppe einmal aufkochen und dann die Hitzezufuhr reduzieren, die Knöderl einlegen und ca. 10 Minuten mehr ziehen als kochen lassen.

5 Anschließend mit viel Schnittlauch bestreut servieren.

PIKANTE PALATSCHINKEN MIT ROHER PARADEISFÜLLE

FÜR 2 PERSONEN

Für den Palatschinkenteig
400 ml Hafer- oder Sojamilch
140 g Dinkelvollkornmehl
oder 160 g Dinkelweißmehl
(quillt weniger auf)
1 Prise Steinsalz
1 Prise Kurkuma

Pflanzenöl für die Pfanne zum
Ausbacken

Für die Paradeisfülle
500 g Paradeiser
Steinsalz
3–4 Knoblauchzehen
1 Handvoll frische mediterrane
Kräuter (oder 2 EL getrocknete
Kräuter)
2–3 EL Paradeismark

1 Mit Hafer- oder Sojamilch, Mehl, 1 Prise Salz und Kurkuma einen Palatschinkenteig rühren und diesen 1 Stunde quellen lassen, dabei ab und zu mit dem Schneebesen durchschlagen.

2 In einer beschichteten Pfanne pro Palatschinke 1 TL Pflanzenöl erhitzen, nacheinander dünne Palatschinken backen und diese anschließend warm stellen.

3 Für die Paradeisfülle die Paradeiser in Würfel schneiden und salzen – dabei lassen sie nach einigen Minuten viel Saft, der abgegossen wird.

4 In der Zwischenzeit Knoblauch und mediterrane Kräuter fein hacken, anschließend mit den abgetropften Paradeiserwürfeln mischen und mit dem Paradeismark zu einer cremigen Konsistenz verbinden.

5 Die Palatschinken damit füllen, sofort servieren und nach Belieben mit frischen Kräutern garnieren.

TIPP: Dinkelvollkornmehl und Dinkelweißmehl können auch zur Hälfte gemischt werden, in diesem Fall werden insgesamt 150 g Mehl für den Palatschinkenteig verwendet.

ZUCCHINIGULASCH MIT SERVIETTENKNÖDELN

FÜR 2 PERSONEN

Für die Serviettenknödel
200 g Semmelwürfel (Knödelbrot)
250 ml Hafermilch
1 große Zwiebel
3 EL Rapsöl oder anderes Pflanzenöl
1/2 TL Steinsalz
1/2 TL Muskatnuss, gerieben
1/2 Bund Petersilie, gehackt
3–4 EL Mehl

Für das Zucchinigulasch
400 g Zucchini
1–2 gelbe Paprika
2–3 mittelgroße Zwiebeln
2–3 Knoblauchzehen
2 EL Olivenöl
Steinsalz
1 Hauch Chili, gemahlen
1 TL getrockneter Oregano
300 ml Wasser
3 EL Paradeismark
2 gehäufte EL Stärkemehl

1/2 Bund gehackte Petersilie zum Bestreuen

1 Für die Serviettenknödel das Knödelbrot mit der Hafermilch übergießen und 20 Minuten ziehen lassen.

2 In der Zwischenzeit den Zwiebel klein hacken und in Pflanzenöl anrösten. Anschließend gemeinsam mit Steinsalz, Muskatnuss und gehackter Petersilie unter die Knödelmasse rühren und die Masse nochmals ca. 20 Minuten quellen lassen. Nun das Mehl unterheben – dazu das Mehl in die Masse mehr hineindrücken als rühren.

3 Ein Geschirrtuch (das ich nur für Serviettenknödel verwende) ausbreiten, den Knödelteig in der Schüssel leicht zu einer Rolle vorformen und diese in die Mitte des Tuches gleiten lassen. Das Tuch über die Knödelrolle schlagen, mit den Händen die Rolle noch nachmodellieren und anschließend die Knödelmasse ganz im Stoff einrollen. Die Enden mit kochbarer Schnur zubinden und die Serviettenknödel in einem großen Topf mit kochendem Salzwasser auf kleiner Flamme ca. 50 Minuten kochen. Anschließend die Stoffrolle mit zwei Gabeln aus dem Wasser heben und auf einer Abtropftasse mindestens 10 Minuten ruhen lassen, erst dann aufschnüren und die Knödelrolle in 2 cm dicke Scheiben aufschneiden und warm halten.

4 Für das Zucchinigulasch Zucchini in dicke Scheiben schneiden. Paprika würfeln, Zwiebeln in grobe Streifen schneiden und Knoblauch grob hacken. Alles zusammen in Olivenöl kurz anbraten, salzen und mit Chili und Oregano würzen. Aus dem Paradeismark mit etwas Wasser und Stärkemehl in einer Schüssel eine Sauce rühren, diese über das kurz gebratene Gemüse gießen, kurz aufkochen und eindicken lassen.

5 Das Gulasch mit den Serviettenknödelscheiben und gehackter Petersilie bestreut servieren.

TIPP: Meistens mache ich meine Semmel- oder auch Brotwürferl selbst. Bevor altes helles Brot oder Weißgebäck ganz hart wird, schneide ich es in Würfel, lasse es auf einer Tasse noch einige Tage trocknen und fülle es dann in einen Papiersack um.

MINI-SALATPIZZA

FÜR 2 PERSONEN

Für den Pizzateig
500 g Weißmehl
1 Pkg. Trockenhefe
1 1/2 TL Steinsalz
250 ml warmes Wasser
50 ml Olivenöl

Mehl zum Bestäuben
Paradeismark zum Bestreichen

Für den Belag
500 g verschiedene Sommergemüse nach Wahl
1 Blattsalat
2–3 EL Apfelessig
3 EL Olivenöl
1 Prise Steinsalz
2 Knoblauchzehen

1 Für den Pizzateig das Mehl mit Trockenhefe und Salz trocken verrühren. Warmes Wasser und Olivenöl einrühren und den Teig mit dem Löffel ein wenig durchkneten, anschließend mit Mehl bestäuben und zugedeckt mindestens 1 Stunde gehen lassen.

2 Inzwischen für den Belag das Gemüse und den Blattsalat waschen, wenn nötig schälen und klein schneiden oder raffeln. In einer Schüssel mit Apfelessig, Olivenöl, Steinsalz und zerdrücktem Knoblauch marinieren. Falls Paradeiser verwendet werden, diese dann erst zum Schluss beigeben.

3 Mit bemehlten Händen vom Pizzateig etwa faustgroße Kugeln entnehmen, diese zu Fladen formen und mit Paradeismark bestreichen. Die Mini-Pizzen im vorgeheizten Backrohr bei 200 °C ca. 15 Minuten hellbraun backen.

4 Den marinierten Salat abtropfen lassen und kurz vor dem Essen auf den Mini-Pizzen verteilen.

TIPP: 4–5 Mini-Pizzen genügen wahrscheinlich für 2 Personen. Aus dem restlichen Teig lassen sich noch pikante Pizza-Stangerl backen, die – mit wenig Paradeismark bestrichen und mit Rosmarin bestreut – gut zu einem sommerlichen Aufstrich oder Eintopf passen.

SOMMERLICHE POLENTASCHNITTEN

FÜR 2 PERSONEN

Für die Polentaschnitten
700 ml Wasser
1/2 TL Steinsalz
1/2 TL Muskatnuss, gemahlen
1 TL Pizzakräuter, getrocknet
250 ml Polenta (Maisgrieß)
1 EL Pflanzenmargarine
1 EL Hefeflocken

Öl für das Backblech oder die Backform

Für den Belag
3 Paradeiser
1 Zucchini

1 Wasser mit Salz, Muskatnuss und getrockneten Pizzakräutern zum Kochen bringen, auf kleinste Herdstufe schalten und die Polenta mit dem Schneebesen zügig einrühren. Die Masse noch einmal kurz „aufblubbern" lassen und dann vom Herd nehmen.

2 Pflanzenmargarine und Hefeflocken dazugeben, alles zugedeckt 5 Minuten ziehen lassen. Anschließend die Polenta einmal kurz durchrühren und noch heiß auf ein leicht geöltes Backblech oder in eine geölte Backform streichen, mit einem Suppenlöffelrücken verteilen und glattstreichen.

3 Für den Belag Paradeiser und Zucchini in ca. 1/2–1 cm dicke Scheiben schneiden. Die Polenta damit belegen, ins auf 180 °C vorgeheizte Backrohr geben und für ca. 20 Minuten überbacken.

4 Den marinierten Salat abtropfen lassen und kurz vor dem Essen auf den Mini-Pizzen verteilen.

TIPP: Die Polentaschnitten können zusätzlich zu den Paradeisern und Zucchini beliebig mit klein geschnittenem Restgemüse aus dem Kühlschrank belegt werden. / Aus dem Teig lässt sich auch gut eine Polentapizza zubereiten. Dafür den Teig nur mit 600 ml Wasser quellen lassen, aufs Backblech streichen und etwas auskühlen lassen. Dann mit Paradeismark bestreichen, mit Gemüsestücken und Räuchertofu-Würfeln belegen und für 20 Minuten wie oben beschrieben im Backrohr backen. Vor dem Servieren mit Cashew-Parmesan (siehe Rezept S. 38) bestreuen.

HIRSELAIBCHEN AUF BLATTSALAT

FÜR 2 PERSONEN

Für die Hirselaibchen
1 Tasse Hirse
1 1/2 Tassen Wasser
200 ml Hafer Cuisine
3–4 EL Mehl
1–2 EL Brösel
1 TL Knoblauchgranulat
1 TL getrockneter Oregano oder 1/2 Tasse frischer Oregano
1/2 TL Steinsalz

100 g Kokosfett zum Herausbraten

Für den Blattsalat
1 Kopf Blattsalat
5 ml Salzsole
2–3 EL Apfelessig
3 EL Kürbiskernöl
frische Sprossen und Radieschen zum Garnieren

1 Die Hirse im Wasser 10 Minuten auf kleiner Flamme kochen und anschließend 1 Stunde oder am besten über Nacht ausquellen und auskühlen lassen.

2 Hafer Cuisine, Mehl, Brösel und Gewürze zusammen mit der Hirse zu einem dicken Brei rühren und diesen gut mit Steinsalz abschmecken.

3 Mit dem Suppenlöffel am Schüsselrand Laibchen mit ca. 5 cm Durchmesser vorformen und in einer beschichteten Pfanne in Kokosfett herausbacken, dabei nur einmal nach 5 Minuten vorsichtig wenden.

4 Blattsalat waschen, abtropfen und etwas zerkleinern. Aus Salzsole, Apfelessig und Kürbiskernöl eine Marinade mischen und diese über den Salat gießen. Den Salat mit frischen Sprossen und Radieschen garnieren und gemeinsam mit den Hirselaibchen servieren.

ZUCCHINI-TSATSIKI

FÜR 2 PERSONEN

500 ml Sojajoghurt Natur
400 g grüne und gelbe Zucchini
1/2 TL Steinsalz
3–4 Knoblauchzehen
1 Handvoll frische Gartenkräuter
Saft von 1/2 Zitrone
3–4 EL Olivenöl

Ringelblumen zum Garnieren

1 Das Sojajoghurt Natur sollte am besten über Nacht im Kühlschrank in einem mit einem Stofftuch ausgelegten Sieb abtropfen können, bis die gesamte Molke in einem Gefäß aufgefangen ist.

2 Zucchini auf einer Gemüsereibe grob raffeln.

3 Mit Steinsalz vermischen und ein paar Minuten Saft ziehen lassen.

4 In der Zwischenzeit Knoblauch und frische Gartenkräuter hacken.

5 Den Zucchinisaft abgießen, das Knoblauch-Kräuter-Gemisch und bei Bedarf nochmals etwas Steinsalz dazugeben. Mit Zitronensaft und Olivenöl marinieren und am Schluss das feste Sojajoghurt unterrühren.

6 Nach Belieben mit Ringelblumen oder anderen essbaren Blüten garnieren und das Zucchini-Tsatsiki sofort servieren!

TIPP: Im Sommer gibt es oft eine regelrechte Zucchinischwemme. / Als Salat anstelle von Gurken verwendet, sind sie eine ideale Rohkost für heiße Tage.

PARADEISER-FISOLEN-SALAT MIT GEBRATENEN SEITANSTREIFEN

FÜR 2 PERSONEN

250 g Fisolen
1 große Zwiebel
Steinsalz
3 EL Rapsöl
2 EL Apfelessig
1/4 TL Steinsalz
200 g Seitan aus dem Glas oder dem Packerl, fertig gewürzt
2–3 EL Pflanzenöl
500 g Paradeiser oder auch Cocktailtomaten

1 Die frischen Fisolen waschen, von den Stielen befreien und in 2–3 cm große Stücke schneiden. Anschließend in Salzwasser weich kochen, abseihen und auskühlen lassen.

2 Die Zwiebel in feine Ringe schneiden, zu den abgeseihten Fisolen geben, salzen und mit Rapsöl und Apfelessig marinieren.

3 Den Seitan in Streifen schneiden und in einer Pfanne mit Pflanzenöl kross anbraten, danach mit 1 Prise Salz würzen.

4 Zum Schluss die Paradeiser oder Cocktailtomaten je nach Größe würfeln oder halbieren, mit den marinierten Fisolen und Zwiebelringen vermischen und den Salat mit den Seitanstreifen dekorieren.

TIPP: Falls der Sommer bereits vorbei ist, kann man für diesen Salat auch tiefgekühlte Fisolen verwenden. Gebratene Seitanstreifen passen wiederum auch gut zu einem bunten Blattsalat.

ERDÄPFELKAS MIT FRISCHEN KRÄUTERN

FÜR 2 PERSONEN

3–4 große mehlige Erdäpfel
50 ml Pflanzen Cuisine nach Wahl
1–2 EL Sojajoghurt Natur
1 EL weiche Pflanzenmargarine oder 2 EL Sonnenblumenöl
1 TL Senf
1/2 TL Kümmel, ganz
1 Msp. Muskatnuss, gemahlen
Steinsalz
1 Prise Chili, gemahlen
1 Handvoll frische Gartenkräuter

Rucola und/oder Sprossen zum Garnieren

1 Erdäpfel je nach Größe ca. 25 Minuten weich kochen, schälen, auskühlen lassen und entweder mit der Gabel zerdrücken oder durch eine Erdäpfelpresse drücken.

2 Pflanzen Cuisine, Sojajoghurt, Pflanzenmargarine oder Sonnenblumenöl sowie Senf unterrühren.

3 Die Gewürze dazugeben und die Masse kräftig abschmecken.

4 Frische Kräuter hacken und ebenfalls untermischen. Den Erdäfelkas mit Rucola und/oder frischen Sprossen garniert auf frischem Brot oder Kornspitz anrichten – guten Appetit!

TIPP: Im Winter können auch Tiefkühlkräuter oder getrocknete Kräuter verwendet werden, dann solltest du den Erdäpfelkas schon am Vortag zubereiten – da er noch durchziehen soll, damit sich das Aroma der Kräuter entfalten kann. Die Konsistenz kann dann auch etwas fester sein, da der Erdäpfelkas mit der Zeit sowieso eher weicher wird.

KICHERERBSEN IN KRÄUTERN UND OLIVENÖL

FÜR 2 PERSONEN

200 g Kichererbsen
1 Handvoll frische Gartenkräuter, v.a. Oregano, Basilikum und etwas Rosmarin
min. 150 ml Olivenöl
1 TL Steinsalz

1 Kichererbsen über Nacht in Wasser einweichen und am nächsten Tag in frischem Wasser ca. 1 Stunde weich kochen. Anschließend abseihen und auskühlen lassen.

2 Inzwischen frische Gartenkräuter – vor allem Oregano und Basilikum und etwas Rosmarin – fein hacken und mit Olivenöl und Steinsalz würzen.

3 Die Kichererbsen in ein Schraubglas geben, das Öl-Kräuter-Gemisch darübergießen, eventuell noch Öl nachgießen, sodass alles gut bedeckt ist, und mindestens 24 Stunden kühl stellen. Erst nach einigen Tagen schmecken die eingelegten Kichererbsen so richtig würzig.

TIPP: Die eingelegten Kichererbsen halten im Kühlschrank einige Wochen und sind zu einem Stück frischem Fladenbrot und einem Glas Wein sehr gut. Sie verfeinern und würzen aber auch alle Salate, wobei das eingelegte Öl gleich mitverwendet werden kann. Auch Naturtofu eignet sich hervorragend zum Einlegen in frische Kräuter, Olivenöl und einige gehackte getrocknete Tomaten. So hast du auch gleich ein Antipasto für dein mediterranes Sommermenü.

KOKOSBÄLLCHEN GEKÜHLT

FÜR 2 PERSONEN

200 ml Hafer Cuisine oder Kokosmilch
2–3 gehäufte EL Dinkelvollkorngrieß
1 gehäufter TL kaltes, festes Kokosöl
40 g Vollrohrzucker oder 40 ml Reissirup
3 EL Kokosraspeln

Kokosraspeln zum Wälzen

1 Die Hafer Cuisine oder Kokosmilch aufkochen lassen und den Grieß mit dem Schneebesen einrühren. Kurz auf kleinster Hitze köcheln lassen und dabei ständig rühren, anschließend vom Herd nehmen.

2 Kokosöl und Zucker oder Reissirup unterrühren, die Kokosraspeln dazumischen und die Masse zum Auskühlen 1–2 Stunden in den Kühlschrank stellen.

3 Mit den Händen kleine Kugeln mit einem Durchmesser von 2–3 cm formen, diese in Kokosraspeln wälzen und in kleine Papierförmchen oder auf einen Teller setzen. Bis zum Genießen noch kühl stellen.

TIPP: Die köstlichen Kokosbällchen können auch noch zusätzlich mit Schokolade verziert werden. Dazu verteilst du mit flüssiger Kuvertüre kleine Spritzer auf den Kokosbällchen.

ERDBEERMUS MIT CASHEWSAHNE

FÜR 2 PERSONEN

100 g Cashewkerne
1 TL festes Kokosöl
(2 TL bei flüssigem Kokosöl)
2 EL Reissirup
Saft von 1/2 Zitrone
500 g Erdbeeren

1 Handvoll Cashewkerne
zum Garnieren
frische Pfefferminze zum
Bestreuen

1 100 g Cashewkerne einige Stunden mit Wasser knapp bedeckt einweichen. Im Standmixer oder mit dem Pürierstab gemeinsam mit Kokosöl, Reissirup und Zitronensaft zu einer cremigen Masse pürieren.

2 Für die Garnitur 1 Handvoll trockene Cashewkerne eventuell grob hacken, in einer Pfanne hellbraun rösten und auskühlen lassen.

3 Die Erdbeeren am besten mit einer Gabel in der Schüssel zerdrücken – es sollen dabei noch grobe Stückerln zu sehen sein – und gleich in Dessertschalen füllen. Das Erdbeermus mit der Cashewsahne und den gerösteten Cashewkernen bestreut anrichten und mit frischer Pfefferminze garnieren.

TIPP: Ungesüßt passt die Cashewsahne auch hervorragend zu Kaffee oder in einen asiatischen Aufstrich. Sehr gut eignet sie sich auch als Grundlage für pikante rohe Dips und Saucen. / Das Erdbeermus kann selbstverständlich auch mit dem Pürierstab zerkleinert werden. Ich mag es aber am liebsten, wenn noch ein paar Fruchtstückerln mit dabei sind.

KRÄUTER-FLADENBROT

FÜR 1 LAIB BROT

450 g Dinkelvollkornmehl
2 EL Keimlings- oder Dinkelweißmehl
1 Pkg. Trockenhefe
2 EL Brotgewürzmischung
1 1/2 TL Steinsalz
300 ml Wasser
2 Handvoll frische Garten- oder Wildkräuter

Mehl zum Bestäuben

1 Die Mehle mit der Trockenhefe und der Brotgewürzmischung sowie Steinsalz vermischen, das warme Wasser dazugeben und alles – entweder mit dem Rührhaken des Handrührgerätes oder mit einem festen großen Löffel – gut durchkneten. Den Teig dick mit Mehl bestäuben und zugedeckt an einem warmen Ort mindestens 4 Stunden aufgehen lassen.

2 Die Kräuter hacken und in den Brotteig einarbeiten. Diesen anschließend in Form eines großen Fladens auf ein mit Backpapier ausgelegtes Backblech legen. Anschließend den Teig wieder 20 Minuten rasten lassen.

3 In der Zwischenzeit das Backrohr auf 220 °C vorheizen. Auf den Boden des Backofens ein hitzebeständiges Gefäß mit Wasser stellen.

4 Das Fladenbrot einschieben und ungefähr 25 Minuten hellbraun backen, dabei nach 15 Minuten die Temperatur auf 190 °C reduzieren. Das fertig gebackene Kräuter-Fladenbrot herausnehmen und auf einem Kuchengitter auskühlen lassen.

TIPP: So ein Fladenbrot schmeckt auch köstlich mit Sonnenblumenkernen, Sesam, Leinsamen, Hanfsamen oder Mohn bestreut, ebenso passen entkernte Oliven oder Kapern gut in den Teig und machen ihn dann noch saftiger.

HERBST

LETSCHO-ZITRONEN-SUPPE

FÜR 2 PERSONEN

je 1 roter, grüner und gelber Paprika
1–2 große Zwiebeln
3–4 EL Olivenöl
Steinsalz
Chili, gemahlen
500 ml Wasser
4 EL Paradeismark
1 gehäufter EL Stärkemehl
1 Prise Vollrohrzucker
3–4 Zitronenscheiben

frisches Basilikum zum Garnieren

1 Paprika in Streifen, Zwiebel in Ringe schneiden.

2 In einem Topf mit Olivenöl zugedeckt andünsten, etwas salzen und mit gemahlenem Chili pikant würzen.

3 Mit der Hälfte des Wassers aufgießen, das Paradeismark dazugeben und alles zusammen aufkochen lassen.

4 Den Rest des Wassers mit dem Stärkemehl kalt verrühren, salzen und mit 1 Prise Zucker in die Suppe einrühren und einkochen lassen. Abschließend noch die Zitronenscheiben einige Minuten in der Suppe ziehen lassen. Mit frischem Basilikum serviert ist diese Suppe ein mediterraner Genuss.

GOLDFRITTATENSUPPE

FÜR 2 PERSONEN

Für die Suppe
1–2 Karotten
1 gelbe Rübe
1 Knollensellerie
1/2 Stange Lauch
Steinsalz
3–4 EL Pflanzenöl
600 ml Wasser
Liebstöckel
Kurkuma

Für die Frittaten
200 ml Hafermilch
50 g Dinkelweißmehl
50 g Maismehl
Steinsalz
Kurkuma

Sonnenblumenöl zum Herausbacken

1 Suppengemüse klein schneiden, salzen und in Pflanzenöl im geschlossenen Topf bei kleiner Hitze ca. 10 Minuten im eigenen Saft andünsten.

2 Mit Wasser aufgießen, etwas Liebstöckel und Kurkuma dazugeben und die Suppe einige Minuten kochen lassen.

3 Für die Frittaten die Hafermilch mit den beiden Mehlen mit einem Schneebesen gut verquirlen, mit Salz und Kurkuma würzen und einige Zeit quellen lassen, dabei immer wieder durchrühren.

4 In einer Pfanne für jede Palatschinke 1 TL Sonnenblumenöl erhitzen und nacheinander dünne Palatschinken backen. Diese etwas überkühlen lassen, dann zusammenrollen und in Streifen schneiden. Mit der heißen Suppe servieren.

ROTE-RÜBEN-LAIBCHEN MIT KRENDIP

FÜR 2 PERSONEN

Für die Laibchen
500 g Rote Rüben
200 ml Hafer Cuisine
Steinsalz
1 TL Kümmel, ganz
1 Prise Nelkenpulver
1 EL Knoblauchgranulat
3 EL Dinkelvollkornmehl
1–2 EL Brösel

Kokosfett zum Braten

Für den Krendip
100 g veganer Topfen
3 EL Pflanzenöl
1/2 Krenwurzel
Steinsalz
1/2 Apfel

Apfelstücke und frisch geriebener Kren zum Garnieren

1 Die Roten Rüben waschen, schälen und auf einer Gemüsereibe fein raspeln. Hafer Cuisine und Steinsalz sowie die verschiedenen Gewürze dazugeben und alles gut durchmischen, mit Mehl und Bröseln zu einer festen Masse verarbeiten.

2 Mit einem Suppenlöffel jeweils am Rand der Schüssel Laibchen vorformen und diese in einer Pfanne mit heißem Kokosfett bei Mittelhitze zuerst auf einer Seite 5 Minuten braten. Dabei die Laibchen in der Pfanne mit dem Löffel noch leicht zurechtdrücken, dann wenden und weitere 3–4 Minuten fertig braten. Anschließend auf Küchenkrepp abtropfen lassen.

3 Für den Krendip veganen Topfen mit Pflanzenöl verrühren und salzen. Die Krenwurzel fein reiben und unterheben. Zum Schluss den halben Apfel grob reiben und dazugeben.

4 Die Rote-Rüben-Laibchen mit dem Krendip servieren und eventuell mit Apfelstücken und etwas frisch geriebenem Kren garnieren.

TIPP: Als Beilage passt prima Apfelreis. Dafür weißen Reis kochen und nach Packungsanleitung ausdämpfen lassen. Inzwischen Äpfel würfeln und in wenig Kokosöl 1–2 Minuten braten, mit 1 Prise Zimt, Chili und Steinsalz würzen und alles unter den Reis heben.

KÜRBISLASAGNE

FÜR 2 PERSONEN

500–600 g Muskat- oder Butternusskürbis
2 große Zwiebeln
1 Stück Ingwerwurzel (ca. 5 cm)
50 ml Olivenöl
Steinsalz
1 TL Muskatnuss, gemahlen
1 EL getrockneter Rosmarin
1 l Hafermilch
250 ml Wasser
3 EL Dinkelweißmehl
2 EL Apfelessig

Olivenöl für die Backform
etwa 700 g Lasagneblätter
150 g Seidentofu
3–4 gehäufte EL Hefeflocken

1 Kürbis schälen und das Fruchtfleisch in Würfel schneiden, die Zwiebeln klein hacken, den Ingwer reiben. Alles zusammen in Olivenöl in einem Topf anbraten, salzen und mit den übrigen Gewürzen 2–3 Minuten brutzeln lassen. Mit der Hafermilch aufgießen und alles zusammen kurz aufkochen lassen.

2 Wasser und Mehl in einer Schüssel glattrühren, mit Apfelessig und Steinsalz würzen und das Kürbisgemüse damit binden.

3 Eine eckige Backform mit Olivenöl ausstreichen, einige Löffel Kürbisgemüse darin verteilen und die erste Lage Lasagneblätter leicht überlappend einlegen. Darauf ca. 1/3 der Kürbismasse verteilen, die zweite Lage Nudelblätter und darüber wiederum das zweite Drittel Kürbisgemüse schichten. Nun die Kürbismasse mit der dritten Lage Lasagneblätter gut abdecken.

4 Seidentofu mit der Gabel zerdrücken und gemeinsam mit den Hefeflocken in das letzte Drittel Kürbisgemüse einrühren. Diese Masse über der obersten Nudelschicht verteilen.

5 Die Kürbislasagne in das auf 190 °C vorgeheizte Backrohr schieben und mit einem Backblech abdecken, damit die oberste Schichte nicht austrocknet. Nach ca. 45 Minuten Backzeit die Abdeckung entfernen und die Oberfläche bräunen lassen. Am besten lässt sich die Lasagne in Stücke schneiden, wenn sie vor dem Servieren noch eine 1/4 Stunde ausdämpfen kann.

TIPP: Lasagne gilt häufig als aufwändig in der Zubereitung. In diesem Rezept ist die sonst übliche Béchamelsauce in die Gemüsesauce gleich integriert. / Natürlich kann man außer Kürbis auch jedes andere Gemüse für diese Lasagne verwenden.

GEMÜSE MIT ERDÄPFELKRUSTE

FÜR 2 PERSONEN

ca. 1 kg beliebiges Gemüse aus dem Kühlschrank (Karotten, Zucchini, Knollensellerie, Knollenfenchel etc.)
Steinsalz
3–4 EL Olivenöl
1/2 Tasse Petersilie, gehackt
4–5 Erdäpfel, gekocht
150 ml Hafer Cuisine
2–3 EL Sonnenblumenkerne
1 TL Kümmel, ganz
1 TL Majoran, getrocknet
1 Prise Chili, gemahlen

Öl für die Backform oder den Römertopf
frischer Schnittlauch zum Bestreuen

1 Beliebiges Gemüse in Würfel schneiden, salzen und in Olivenöl in einer Wokpfanne anrösten. Frische Petersilie hacken und unterheben. Das Gemüse in eine geölte Backform oder in einen Römertopf geben.

2 Erdäpfel schälen, mit einer Gabel zerdrücken und mit der Hafer Cuisine, den Sonnenblumenkernen, Salz und Gewürzen gut vermengen. Die Masse als Deckel über das Gemüse streichen und im auf 200 °C vorgeheizten Backrohr ca. 20 Minuten überbacken, bis die Erdäpfelmasse leicht gebräunt ist.

3 Zum Anrichten noch den letzten frischen Schnittlauch aus dem Garten darüberstreuen.

TIPP: Dazu passt am besten ein knackiger Blattsalat. / Gekochte Erdäpfel kann man auch vom Vortag verwenden, wenn sie dunkel und im Kühlschrank gelagert wurden.

KREATIVER BOHNEN-NUDEL-SALAT

FÜR 2 PERSONEN

200 g Vollkornspiralen
ein paar Tropfen Pflanzenöl
4–5 getrocknete und in Öl eingelegte Paradeiser
1 Glas gekochte rote Bohnen
1 Glas gekochter Mais
Steinsalz
1 Prise Vollrohrzucker
2–3 EL Apfelessig
nochmals 3 EL Pflanzenöl

Für das Schnittlauchdressing
250 ml Sojajoghurt Natur
2–3 EL Pflanzenöl
Steinsalz
1 TL Senf
1 Bund Schnittlauch

1 Vollkornspiralen in Salzwasser mit ein paar Tropfen Öl al dente kochen.

2 Inzwischen ein Dressing aus Sojajoghurt Natur, Pflanzenöl, Steinsalz und Senf zubereiten. Schnittlauch fein schneiden und unterrühren.

3 Die Nudeln mit kaltem Wasser abschrecken und auskühlen lassen. Getrocknete und in Öl eingelegte Paradeiser in kleine Stücke schneiden. Die ausgekühlten Nudeln dann mit roten Bohnen, Mais und in kleine Stücke geschnittene getrocknete Paradeiser vermengen. Mit Salz, 1 Prise Zucker, Apfelessig und Pflanzenöl marinieren und erst bei Tisch mit dem Schnittlauchdressing vermischen.

KÜRBIS IM WOK AUF PILZ-BULGUR

FÜR 2 PERSONEN

Für den Pilz-Bulgur
1, 1/2 Tassen Wasser
Steinsalz
1 Lorbeerblatt
1 TL Knoblauchgranulat
1 Tasse Bulgur
250 g braune Champignons (oder andere Pilze)
Kürbissud (vom Kürbisgemüse)
1 EL Kokosöl
Steinsalz
Curry

Für das Kürbisgemüse
400 g Butternusskürbis
1 roter Paprika
2–3 EL flüssiges Kokosöl (in festem Zustand 1 EL)
Steinsalz
Chili, gemahlen
1 EL Kräuter (z.B. Thymian, Rosmarin usw.), gehackt

1 Für den Pilz-Bulgur Wasser mit Salz und den Gewürzen erhitzen, den Bulgur in die kochende Gewürzbrühe einrieseln lassen und ca. 5 Minuten auf kleiner Flamme köcheln. Vom Herd nehmen und weitere 10 Minuten weiter quellen.

2 Für das Kürbisgemüse den Kürbis schälen, von den Kernen befreien und das Fruchtfleisch in Würfel schneiden. Paprika ebenfalls würfelig schneiden und gemeinsam mit dem Kürbis im Wok mit Kokosöl kurz 2–3 Minuten anbraten. Mit Salz und gemahlenem Chili würzen und gehackte Kräuter dazugeben. Anschließend das Gemüse in eine Schüssel geben, zugedeckt ziehen lassen und warm halten.

3 Jetzt noch braune Champignons oder andere Pilze nach Wahl in Stücke schneiden und im Kürbissud mit 1 EL Kokosöl und Salz anrösten, mit Curry würzen. Den Bulgur dazugeben, alles gut durchmischen und gemeinsam mit dem Kürbisgemüse anrichten.

ROTE-RÜBEN-ROHKOST MIT APFEL UND WALNUSS

FÜR 2 PERSONEN

400 g Rote Rüben
3 EL Apfelessig
3 EL Rapsöl
Steinsalz
1/2 TL Kümmel, ganz
1 Prise Pfeffer
1 Apfel
1–2 EL Walnüsse

1 Rote Rüben schälen und auf einer Gemüsereibe fein raffeln.

2 Eine Marinade aus Apfelessig, Rapsöl, Steinsalz, Kümmel und Pfeffer anrühren und über die Roten Rüben gießen.

3 Den Apfel samt Schale klein würfeln und dazumischen, Walnüsse grob hacken oder zerbrechen und die Rohkost damit dekorieren.

TIPP: Rote Rüben werden wegen ihrer roten Farbe häufig missachtet und dadurch auch selten roh zubereitet, was ich sehr schade finde. / Man kann sie gut unter einem kleinen fließenden Wasserstrahl schälen und dann mit Küchenhandschuhen raffeln – am besten wird das Ganze gleich im Garten gemacht oder die Schüssel für die Rohkost in die Küchenabwasch gestellt.

GURKENRINGE MIT ROHER PARADEIS-NUSS-CREME

FÜR 2 PERSONEN

1 große Schlangengurke oder
2 Feldgurken

Für die rohe Paradeis-Nuss-Creme
2 EL Cashewkerne
2 EL Mandeln
100 ml Hafermilch
Steinsalz
1 TL Senf
1 TL getrockneter Oregano
Saft von 1/2 Zitrone
2–3 Knoblauchzehen
1 gelber Paprika
2 große Paradeiser

Paprikaringe zum Garnieren

1 Gurke(n) in ca. 3 cm dicke Scheiben schneiden und mit einem spitzen Messer die Kerne innen herausschneiden.

2 Für die rohe Paradeis-Nuss-Creme Cashewkerne und Mandeln gemeinsam mit Hafermilch, Salz, Senf und getrocknetem Oregano im Standmixer oder mit dem Pürierstab pürieren und mit Zitronensaft abschmecken.

3 Knoblauch hacken, gelben Paprika ganz klein würfeln und ebenfalls in die Masse geben. Zum Schluss noch die Paradeiser würfeln und auch daruntermischen.

4 Die Gurkenringe mit dieser Creme füllen und mit Paprikastücken garnieren.

LINSENSALAT AUF MINUTENBROT

FÜR 2 PERSONEN

Für das Minutenbrot
300 ml Hafermilch
200 g Dinkelvollkornmehl
2 EL Keimlingsmehl oder Maisstärke
1 Pkg. Trockenhefe
1 gehäufter TL Steinsalz
1 EL Brotgewürz (Kümmel, Koriander, Anis etc.)

Pflanzenöl für die Pfanne zum Ausbacken

Für den Linsensalat
1 Dose braune Linsen (mit ca. 250 g Abtropfgewicht)
2 EL Apfelessig
2 EL Pflanzenöl
1 roter Paprika
1 große Zwiebel
1 Bund Schnittknoblauch

1 Für das Minutenbrot Hafermilch mit den beiden Mehlen oder der Maisstärke sowie Trockenhefe gut mit dem Schneebesen verquirlen, mit Steinsalz und Brotgewürz vermischen und mindestens 1–2 Stunden zugedeckt rasten lassen, bis der Teig Blasen wirft.

2 Für den Linsensalat inzwischen die abgetropften Linsen mit Apfelessig und Öl marinieren. Roten Paprika in Würfel und Ringe schneiden, Zwiebel und Schnittknoblauch in Ringe schneiden und gemeinsam unter die Linsen mischen. Alles gut durchziehen lassen.

3 In einer beschichteten Pfanne 1 TL Pflanzenöl verteilen, 2–3 Schöpfer flüssigen Brotteig in Form von Scheiben mit ca. 10 cm Durchmesser einfließen lassen und diese langsam bei kleiner Hitze backen.

4 Nach ca. 6–8 Minuten wenden und weitere 4–5 Minuten fertig backen. Das Ganze so lange wiederholen, bis der Teig aufgebraucht ist.

5 Die Fladen auf einem Kuchengitter überkühlen lassen und zum Linsensalat reichen.

STREICHVURST

FÜR 2 PERSONEN

200 g Kidneybohnen
3–5 EL Rapsöl
Steinsalz
1 EL Senf
1 gehäufter TL getrockneter Majoran
1 große Zwiebel
etwas Olivenöl
1–2 EL Apfelessig

Essiggurkerl zum Garnieren

1 Kidneybohnen über Nacht einweichen, dann das Einweichwasser abgießen und die Bohnen in frischem Wasser ca. 1 Stunde weich kochen, anschließend im Kochwasser auskühlen lassen.

2 Dreiviertel des Kochwassers abseihen und die Bohnen mit dem Pürierstab zermusen, dabei nach und nach das Rapsöl untermengen, bis eine cremige Masse entsteht. Diese mit Salz, Senf und Majoran würzen.

3 Die Zwiebel klein hacken, in etwas Olivenöl goldbraun anrösten und dann unter die rosa Bohnenmasse rühren. Die StreichVurst abschließend nochmals kräftig mit Steinsalz und Apfelessig abschmecken.

TIPP: Zu diesem würzigen veganen Aufstrich passen gut ein kräftiges Vollkornbrot sowie ein paar Essiggurkerl.

APFELGELEE MIT ZIMTCREME

FÜR 2 PERSONEN

Für die Zimtcreme
250 ml Sojajoghurt Natur
2 EL Apfeldicksaft
2 TL Zimt, gemahlen

Für das Apfelgelee
3–4 Äpfel
1 Pkg. Vanillepuddingpulver
100 ml Wasser

1 Für die Zimtcreme Sojajoghurt Natur in ein mit Stoff ausgelegtes Sieb leeren und einige Stunden abtropfen lassen.

2 Für das Apfelgelee Äpfel waschen, vom Kerngehäuse befreien und das Fruchtfleisch in Stücke geschnitten in wenig Wasser weich kochen, anschließend mit dem Pürierstab zermusen.

3 Vanillepuddingpulver in 3 EL kaltem Wasser glattrühren, in das Apfelmus geben und dieses noch einmal aufkochen und kurz blubbern lassen.

4 Eine Schüssel oder andere beliebige Form kalt ausspülen und das heiße Apfelgelee einfüllen, abkühlen lassen und dann für einige Stunden in den Kühlschrank stellen.

5 Den inzwischen festen Teil des Joghurts in eine Schüssel stürzen, mit Apfeldicksaft und Zimt würzen und als Fruchtspiegel auf Teller gießen.

6 Das Apfelgelee aus der Form lösen, in Würfel schneiden oder Nocken abstechen und zur Zimtcreme setzen.

TIPP: Vom Apfelgelee kannst du alternativ auch Nocken abstechen. Als Garnitur passen sehr gut Zitronenmelisseblättchen und für die Dekoration auf der Zimtcreme habe ich etwas Sojajoghurt Natur verwendet.

SÜSSE KNÖDERL MIT ZWETSCHKENRÖSTER

FÜR 4 PERSONEN

Für die Knöderl
250 g Naturtofu
1/8 l Sojamilch
3 EL Dinkelvollkorngrieß
3 EL Dinkelbrösel
2 EL Maisstärke
Schale von 1 Zitrone
1 Prise Steinsalz

Für die Brösel
2–3 EL Pflanzenmargarine
4 EL Dinkelbrösel
2 EL Mandeln, gerieben
2 EL Vollrohrzucker

Für den Zwetschkenröster
500 g Zwetschken
Saft von 1/2 Zitrone
1 EL Vollrohrzucker
1 Prise Steinsalz

1 Für den Zwetschkenröster die Zwetschken entkernen und halbieren. Anschließend mit Zitronensaft, Zucker sowie 1 Prise Salz in wenig Wasser bei kleiner Hitze ca. 15 Minuten köcheln lassen.

2 Für die Knöderl den Naturtofu mit einer Gabel in einer Schüssel fein zerdrücken. Dann nacheinander alle Zutaten dazugeben, fest durchrühren und den Teig einige Minuten durchziehen lassen.

3 Anschließend kleine Knöderl (mit einem Durchmesser von ca. 3–4 cm) daraus formen und diese in leicht köchelndes Salzwasser einlegen. Nun so lange (ca. 5–7 Minuten) mehr ziehen als kochen lassen, bis alle Knödel an der Oberfläche schwimmen.

4 Für die Brösel in der Zwischenzeit in einer Pfanne die Pflanzenmargarine schmelzen, Brösel, geriebene Mandeln sowie Zucker auf mittlerer Hitze ein wenig bräunen, dann vom Herd nehmen, da die Brösel leicht anbrennen.

5 Die obenauf schwimmenden Knödel mit einer Schöpfkelle vorsichtig aus dem Wasser heben und in das Brösel-Mandel-Gemisch gleiten lassen. Mit einem Kochlöffel die Knödel leicht bewegen, dann auf Tellern anrichten und mit Zwetschkenröster servieren.

TIPP: Aus dieser Knödelmasse gelingen auch feine Obstknödel: Früchte der Saison ein wenig in Mehl wälzen, Teigklöße abstechen, leicht flach und etwas oval drücken, in die Mitte die Frucht setzen und mit dem Teig verschließen – dazu die Teigenden vorsichtig mit den Fingern rundherum zusammendrücken. Die Knödel ins siedende Wasser legen und nach dem Aufsteigen noch 1–2 Minuten nachziehen lassen. / Inzwischen gibt's im Handel einen veganen Bio-Topfen, mit dem sich superschnell Topfenknödel zubereiten lassen: Dazu 250 g Topfen mit 120 g Dinkelvollmehl und 1 EL Maisstärke verkneten, Knödel formen und diese in kochendem Wasser ebenfalls nur ziehen lassen, bis sie oben schwimmen!

APFEL-KRÜMEL-TORTE

FÜR EINE TORTENFORM (22–24 CM Ø)

200 g Dinkelvollkornmehl
200 g Dinkelvollkorngrieß
150 g Vollrohrzucker
1 TL Zimt
2 TL Weinsteinbackpulver
1 kg Äpfel
200 g Pflanzenmargarine

1 Mehl, Grieß, Zucker, Zimt und Backpulver trocken vermischen. Die Äpfel waschen und samt der Schale auf einer Gemüsereibe hobeln.

2 Das Geheimnis dieser Torte sind nun die vielen Schichten: Beginne mit einer ca. 2 cm dicken Schicht der trockenen Mehlmasse, die du auf dem Tortenboden gleichmäßig verteilst. Darüber kommt die Hälfte der geraspelten Äpfel, die mit der nächsten ca. 1–2 cm hohen Schicht Mehlmasse bestreut werden. Nun die zweite Hälfte der geraspelten Äpfel hineinschichten und als Deckel den Rest der Mehlmasse darüber verteilen.

3 Die Pflanzenmargarine im Wasserbad schmelzen und mit einem Esslöffel die Hälfte davon gut über die gesamte Torte verteilen.

4 Die Torte im vorgeheizten Backrohr bei 180 °C ca. 1/2 Stunde backen, dann die restliche Pflanzenmargarine gleichmäßig darübergießen und die Apfel-Krümel-Torte weitere 20–25 Minuten fertig backen. Die Torte anschließend unbedingt in der Form einige Stunden gut auskühlen lassen, erst dann in Stücke schneiden und servieren.

TIPP: Dieses Rezept klingt ein bisschen nach Aprilscherz, aber es funktioniert tatsächlich und wurde ein wenig abgewandelt aus einem uralten Kochbuch übernommen. Am nächsten Tag schmeckt die Apfel-Krümel-Torte noch saftiger als gleich nach dem Backen.

SONNENBLUMEN-ORANGEN-CANTUCCINI

FÜR 2 PERSONEN

170 g Dinkelweißmehl
Schale von 1 Orange
70 g Vollrohrzucker
1 TL Weinsteinbackpulver
1 EL Maisstärke
1 Prise Steinsalz
70 g Sonnenblumenkerne
Saft von 1/2 Orange
30 ml Sonnenblumenöl
50 ml Hafermilch

evtl. zusätzliches Dinkelweißmehl für den Teig

1 Alle Zutaten in einer Rührschüssel zuerst mit dem Löffel zusammenrühren, dann mit den Händen durchkneten. Sollte der Teig noch zu klebrig sein, teelöffelweise Mehl zugeben, bis er formbar, aber noch weich ist.

2 Den Teig zu einem länglichen Brot (ca. 8 cm breit und 2–3 cm hoch) formen und auf ein mit Backpapier ausgelegtes Backblech legen. Im vorgeheizten Backofen bei ca. 180 °C etwa 1/2 Stunde lang backen, bis das Brot oben leicht gebräunt ist.

3 Anschließend herausnehmen und 1/2 Stunde abkühlen lassen, bevor es mit einem scharfen Messer vorsichtig in etwa 1 cm dicke Scheiben geschnitten wird.

4 Den Backofen wiederum auf 180 °C vorheizen, die Cantuccini wieder auf das mit Backpapier belegte Backblech legen und von jeder Seite nochmals etwa 5 Minuten backen (dabei nicht zu braun werden lassen). Die Sonnenblumen-Orangen-Cantuccini herausnehmen und einige Stunden auskühlen lassen, bevor sie in einer Keksdose gut verschlossen aufbewahrt werden.

TIPP: Wer es gerne sehr „orangig" mag, kann auch noch 70 g Orangeat unter den Teig kneten.

WINTER

POLENTASUPPE MIT LAUCH UND KÜRBISKERNÖL

FÜR 2 PERSONEN

ca. 300 g Lauch
3 EL Sonnenblumenöl
1 TL Steinsalz
1/2 TL Kümmel, ganz
1/2 TL Muskatnuss, gemahlen
1 Prise Kurkuma
1 Prise Curry
700 ml Wasser
150 g Polenta (grober Maisgrieß)

Kürbiskernöl und schwarzer Pfeffer zum Garnieren

1 Den Lauch der Länge nach durchschneiden, allerdings nur bis zu den letzten 10 cm vor dem Wurzelansatz. Er lässt sich auf diese Weise gut waschen und vom Sand befreien, ohne dass er ganz auseinanderfällt. Anschließend den Lauch in dünne Ringe schneiden, einen kleinen Teil zum Garnieren der Suppe beiseitelegen und den Rest in einem Topf mit Sonnenblumenöl, Steinsalz und den Gewürzen anbraten.

2 Mit Wasser aufgießen und zum Kochen bringen, dann unter ständigem Rühren mit dem Schneebesen die Polenta einrieseln lassen. Die Suppe noch 1–2 Minuten leise köcheln lassen, dann vom Herd nehmen und nachziehen lassen, dabei ab und zu umrühren.

3 Beim Servieren die Polentasuppe mit den rohen Lauchringerln garnieren, mit Kürbiskernöl beträufeln und mit frisch geriebenem schwarzen Pfeffer bestreuen.

TIPP: Die Polenta quillt noch nach, dadurch wird die Suppe nach einigen Stunden dickflüssig. Mit einem Schluck Wasser verdünnt und mit 1–2 TL Salzsole gewürzt kann sie noch mal aufgekocht werden.

HOKKAIDO-ERDÄPFEL-SUPPE MIT INGWER

FÜR 2 PERSONEN

500 g Zwiebeln
2–3 EL Pflanzenöl
1 TL Steinsalz
1 kg Hokkaidokürbis
2–3 mittelgroße Erdäpfel
500 ml Wasser
50 g geriebener Ingwer

geriebener Ingwer zum Bestreuen
evtl. Kürbiskernöl zum Garnieren

1 Die Zwiebeln grob schneiden. In einem Suppentopf wenig Pflanzenöl erhitzen und die Zwiebeln darin mit Salz bestreut einige Minuten braun anbraten.

2 Hokkaido teilen und die Kerne und den Stielansatz entfernen. Das Fruchtfleisch in 3–4 cm große Stücke schneiden. Die Erdäpfel schälen und ebenfalls in 3–4 cm große Stücke schneiden und gemeinsam mit dem Kürbis in den Topf geben. 1 Minute mitrösten, danach mit Wasser aufgießen und den geriebenen Ingwer dazugeben.

3 In ca. 20 Minuten alles weich kochen, 1–2 Erdäpfelstücke herausnehmen, in Stifte schneiden und beiseitelegen. Anschließend die Suppe mit einem Pürierstab zermusen und mit den Erdäpfelstiften, etwas geriebenem Ingwer und eventuell ein paar Tropfen Kürbiskernöl auf Tellern anrichten.

TIPP: Die Kürbis-Erdäpfel-Suppe kann natürlich auch aus jedem anderen Kürbis zubereitet werden. Allerdings ist der Hokkaidokürbis der einzige, bei dem die Schale mitgekocht werden kann, alle anderen Kürbissorten muss man vorher schälen. Außerdem ist er sehr mehlig, wodurch sich eine sehr dickcremige Suppe ergibt – bei Verwendung von anderen Kürbissorten kann man die Suppe eventuell mit Stärkemehl noch zusätzlich binden und sämiger machen.

VEGANES REISFLEISCH

FÜR 2 PERSONEN

2 Handvoll Sojaschnetzel, getrocknet
200 ml kochendes Wasser
5 EL Sojasauce
1 große Zwiebel
2–3 Knoblauchzehen
1 EL Paprikapulver
250 ml Paradeissauce oder -polpa
1 Tasse weißer Risottoreis
1 TL Steinsalz
1 TL Kümmel, gemahlen
1 Prise Pfeffer
1–2 EL Paradeismark
1 EL Apfelessig

1 Die Sojaschnetzel mit kochendem Wasser sowie mit Sojasauce einige Minuten bedecken, bis sie leicht weich und gerade nicht mehr kernig sind.

2 Die Zwiebel würfelig schneiden und in Pflanzenöl glasig dünsten, dann die Knoblauchzehen fein hacken, dazugeben und kurz mitbraten.

3 Die Sojaschnetzel ein bisschen ausdrücken und ebenfalls kurz mitrösten, Paprikapulver darüberstreuen. Anschließend sofort mit der Paradeissauce oder -polpa sowie dem Einweichwasser aufgießen.

4 Den Reis einrieseln lassen, ebenso das Salz und die Gewürze beigeben. Alles auf kleinster Flamme köcheln – dabei den Deckel leicht geöffnet lassen –, bis der Reis den meisten Saft aufgesaugt hat. Zwischendurch ab und zu umrühren.

5 Das vegane Reisfleisch mit Paradeismark und Apfelessig nochmals abschmecken und mit grünem Blattsalat und frischen Sprossen als Beilage servieren.

TIPP: Dieses vegane Reisfleisch schmeckt sehr deftig. Wenn du statt weißem Risottoreis rundkörnigen Naturreis verwendest, dann unbedingt das Salz erst am Ende dazugeben, da der Reis sonst trotz langem Kochen hart bleibt.

KAROTTENPÜREE MIT KÜRBISKERNNUDELN

FÜR 2 PERSONEN

Für das Karottenpüree
500 g Karotten
500 ml Gemüsebrühe
1 TL Fenchelsamen
1 EL Knoblauchgranulat

1 EL Apfelessig und 2 EL Olivenöl zum Abschmecken des Pürees

Für die Kürbiskernnudeln
200 g Dinkelvollkornnudeln
100 g Kürbiskerne
wenig Kokosöl zum Rösten
1 EL Sesam
1/4 TL Steinsalz

1 Für das Karottenpüree die Karotten in Stücke schneiden und in der Gemüsebrühe mit den Gewürzen weich kochen. Anschießend im Sud noch 20 Minuten ziehen lassen, bevor die Flüssigkeit weitgehend abgegossen wird.

2 Für die Kürbiskernnudeln in der Zwischenzeit Dinkelvollkornnudeln (Spiralen oder Bandnudeln eignen sich am besten) in Salzwasser al dente kochen.

3 Kürbiskerne hacken, in einer Pfanne mit wenig Kokosöl und bei kleiner Hitze unter ständigem Rühren einige Zeit anrösten, gegen Ende noch den Sesam dazugeben und alles salzen.

4 Die gut abgetropften Nudeln unter die Kürbiskern-Sesam-Masse mischen und warm stellen.

5 Die Karotten ohne Kochflüssigkeit pürieren, mit Apfelessig und Olivenöl abschmecken und auf den Kürbiskernnudeln anrichten.

TIPP: Der Karottensud ergibt natürlich eine feine Gemüsebrühe mit allen Mineralien und Vitaminen und kann gleich als Vorspeise mit Frittaten gegessen werden.

KRAUTSTRUDEL MIT WEIZENFASCHIERTEM

FÜR 2 PERSONEN

500 g Weißkraut
1–2 mittelgroße Zwiebeln
2 EL Pflanzenöl
1/4 TL Steinsalz
1/2 TL Kümmel, ganz
1 fertiger Blätterteig (auf vegane Zutaten achten!)
150 g Weizenfaschiertes, fertig gewürzt

50 ml Hafer Cuisine zum Bestreichen
Kümmel zum Bestreuen

1 Weißkraut in dünne Streifen schneiden, Zwiebel würfelig schneiden und gemeinsam in einer Pfanne mit Pflanzenöl einige Minuten andünsten.

2 Mit Steinsalz und Kümmel würzen, vom Herd nehmen und überkühlen lassen. Inzwischen den fertigen Blätterteig auf Backpapier ausrollen und auf ein Backblech legen. Von einer Seite des Teiges zwei etwa fingerdicke Streifen zum Garnieren des Strudels abschneiden.

3 Das fertig gewürzte Weizenfaschierte der Länge nach in die Mitte des Strudelteiges drücken. Darüber dann das gedünstete Kraut verteilen und beide Ränder des Blätterteigs über dem Kraut zusammenschlagen, dabei die Teigränder leicht überlappen lassen.

4 Den Strudel mit Hafer Cuisine bestreichen, die Teigstreifen gitterartig über den Strudel legen und ebenfalls bestreichen. Abschließend noch mit ganzem Kümmel bestreuen und im auf 190 °C vorgeheizten Backrohr ca. 20 Minuten backen, bis der Krautstrudel auf der Oberfläche leicht gebräunt und knusprig ist.

TIPP: Für Mutige ist auch eine Variante mit Rotkraut und Apfel zu empfehlen – schmeckt grandios! Und wenn du kein Weizenfaschiertes zur Hand hast, passen auch Räuchertofuwürferl in der Fülle gut dazu.

SELLERIESCHNITZEL MIT ROSINENREIS

FÜR 2 PERSONEN

Für den Rosinenreis
1 Tasse Reis
1 1/2 Tassen Wasser
50 g Rosinen oder Sultaninen
1 TL Curry
1–2 TL Steinsalzsole

Für die Schnitzel
ca. 500 g Knollensellerie
200 ml Hafermilch
3–4 EL Dinkelvollkornmehl
3 EL Brösel
1/2 TL Steinsalz
1/2 TL Oregano, getrocknet
1 Prise Chili, gemahlen
1 TL Knoblauchgranulat oder
1–2 zerdrückte Knoblauchzehen
ca. 50 g Kokosfett

1 Reis in der 1 1/2-fachen Menge Wasser 10 Minuten kochen und dann weitere 15 Minuten ohne Hitzezufuhr nachquellen lassen.

2 Für die Schnitzel in der Zwischenzeit den Knollensellerie grob schälen und mit einer Gemüsereibe raffeln. Anschließend in einer Schüssel mit Hafermilch, Mehl, Bröseln, Steinsalz und den Gewürzen vermengen.

3 Kokosfett in einer beschichteten Pfanne erhitzen. Mit einem Suppenlöffel am Rand der Teigschüssel Laibchen vorformen, diese dann ins heiße Fett gleiten lassen und mit dem Löffel in der Pfanne noch leicht zurechtdrücken. Die Sellerieschnitzel 3–4 Minuten auf einer Seite knusprig anbraten, nur einmal wenden und weitere 4 Minuten fertig braten, anschließend warm stellen.

4 Für den Reis in der gleichen Pfanne mit den Kokosfettresten die Rosinen oder Sultaninen erhitzen, den Reis dazugeben und mit Curry und Steinsalzsole würzen.

5 Die Sellerieschnitzel mit dem Reis als Beilage anrichten.

TIPP: Solche „Schnitzel" lassen sich aus allen Wurzelgemüsen zubereiten, zum Beispiel auch aus Karotten, gelben Rüben oder Pastinaken. **/** Dazu passt ein knackiger grüner Blattsalat mit einem Teil Radicchio.

GEMÜSESUPPEN-LASAGNE

FÜR 2 PERSONEN

min. 600 g Gemüse (Karotten, Zucchini, Fenchel, Knollensellerie, Kraut usw.)
1–2 TL Steinsalz
4 EL Olivenöl
150 g rote Linsen
1 Prise Chili, gemahlen
1 EL mediterrane Kräuter, getrocknet
750 ml Wasser
500 ml Paradeispolpa oder -passata
ca. 750 g Lasagneblätter
200 g Seidentofu, zerdrückt
3 EL Hefeflocken

Öl für die Lasagneform

1 Gemüse klein schneiden und in einen Suppentopf geben, salzen und mit Olivenöl einige Minuten zugedeckt anbraten lassen. Anschließend die roten Linsen kurz mitrösten. Mit Chili und Kräutern würzen, dann mit Wasser und der Paradeispolpa oder -passata aufgießen und alles zusammen kurz aufkochen lassen.

2 Eine eckige Lasagneform einölen, einen Schöpfer von der Suppe hineingießen und eine Lage Nudelblätter einlegen. Diese mit 3 Schöpfern Gemüsesuppe übergießen und wieder Nudelblätter einlegen. Insgesamt 3 Nudelblätterschichten und 2/3 der Gemüsesuppe verwenden – dabei bei der Fülle darauf achten, dass genügend Gemüsestücke mit dabei sind.

3 In einer Schüssel das meiste restliche Gemüse aus der Suppe mit wenig Saft auffangen, mit zerdrücktem Seidentofu und Hefeflocken verrühren und nochmals mit Steinsalz kräftig abschmecken. Diese Masse kommt als „Deckel" auf die 3. und letzte Nudelblätterschicht.

4 Die Lasagne anschließend mit einem Backblech zugedeckt im vorgeheizten Backrohr bei 180 °C 50 Minuten backen, danach das als Deckel verwendete Backblech entfernen und die Lasagne noch weitere 15 Minuten backen, bis sie leicht gebräunt ist.

TIPP: Für dieses Rezept können alle Gemüsereste aus dem Kühlschrank verwendet werden, auch wenn sie nicht mehr ganz ansehnlich sind. Ich mache auch gerne einen Riesentopf Suppe, schöpfe für die Lasagne nur das meiste Gemüse und ein wenig Sud ab und hab für den nächsten Tag noch eine mediterrane Linsensuppe.

CHINAKOHL-ORANGEN-SALAT

FÜR 2 PERSONEN

300 g Chinakohl
Saft von 1/2 Zitrone
3 EL Leinöl oder anderes Pflanzenöl
1/2 TL Steinsalz
2 Orangen

gehackte Cashewkerne zum Garnieren

1 Chinakohl halbieren und in dünne Streifen schneiden.

2 Eine Marinade aus Zitronensaft, Leinöl und Steinsalz anrühren und über den Chinakohl gießen, den Salat einige Zeit ziehen lassen.

3 Die Orangen schälen und in Würfel teilen. Die Orangenwürfel vor dem Servieren in den Salat mischen und den Salat mit ein paar filetierten Orangenspalten sowie gehackten Cashewkernen garnieren.

TIPP: Manchmal kauft man auf dem Markt sehr groß gewachsenen Chinakohl. Wenn man nur einen Teil davon verbraucht, sollte man ihn nicht halbieren, da er sonst austrocknet. Es ist besser, von außen nach innen Blatt für Blatt zu verwenden, so bleibt das Herzstück bis zu 2 Wochen im Kühlschrank haltbar. Auch mit Walnüssen bestreut schmeckt dieser winterliche Salat vorzüglich.

BUNTER ERDÄPFEL-GEMÜSE-SALAT

FÜR 2 PERSONEN

500 g festkochende Erdäpfel
1 EL Tahin (Sesampaste)
200 ml Wasser
3 EL Apfelessig
4 EL Sonnenblumenöl
1–2 TL Senf
1 TL Steinsalz
1 Prise Pfeffer, gemahlen
1 Prise Vollrohrzucker
1 große Zwiebel
1 große Karotte
1 roter Paprika
1 kleine Zucchini

gehacktes Stangenselleriegrün zum Garnieren

1 Erdäpfel in 25 Minuten weich kochen, abseihen, ganz abkühlen lassen und schälen.

2 In der Zwischenzeit in einer Schüssel die Marinade anrichten.

3 Dazu Tahin mit Wasser, Apfelessig, Sonnenblumenöl, Senf, Salz, Pfeffer und 1 Prise Zucker gut verrühren. Zwiebel in kleine Würfel hacken und dazugeben.

4 Die geschälten Erdäpfel in Scheiben schneiden und zur Marinade geben. Nun die Karotte raspeln, den Paprika in Streifen schneiden, die Zucchini grob reiben und alles mit dem Erdäpfelsalat vermengen.

5 Den Salat mindestens 1 Stunde durchziehen lassen und mit gehacktem Stangenselleriegrün bestreut servieren.

TIPP: Diese Speise ist ein vollwertiges Hauptgericht, mit einer Scheibe Vollkornbrot ist sie ein echter Genuss und kann gut für unterwegs mitgenommen werden. Natürlich passt dieser Salat auch als Beilage zu pflanzlichen Schnitzeln oder Laibchen.

KÖRNDLSCHMALZ

FÜR 2 PERSONEN

250 g Palmfett
1 EL Kokosöl
100 g Sonnenblumenkerne
1 große Zwiebel
1 kleiner Apfel
1 EL Sesam
1 TL Kümmel, ganz
1 TL Steinsalz

evtl. Zwiebelringe zum Garnieren

1 Das Palmfett schon einige Stunden bei Zimmertemperatur weich werden lassen.

2 In einer Pfanne wenig Kokosöl erhitzen. Die Sonnenblumenkerne hacken und den Zwiebel und den Apfel samt Schale fein würfeln, alles gemeinsam mit dem Sesam und dem Kümmel unter ständigem Rühren im Öl anrösten. Dabei aufpassen, dass die Kerne und Samen nicht zu dunkel werden.

3 Die etwas überkühlte Masse unter das weiche Palmfett mischen, gut salzen und kalt stellen. Bis zum Festwerden ab und zu umrühren, damit die Körner im Schmalz gleichmäßig verteilt sind.

TIPP: Wer mag, kann das Körndlschmalz noch mit feinen Zwiebelringen garnieren. Mit kräftigem Schwarzbrot und Zwiebel serviert verblüfft dieser Aufstrich immer wieder meine Gäste.

SCHARFER ROTER LINSENAUFSTRICH

FÜR 2 PERSONEN

300 g rote Linsen
250 ml Wasser oder mehr (zum Nachgießen)
1 gestrichener TL Steinsalz
1 TL Kreuzkümmel
1 TL Curry
Chili, gemahlen
1 TL Koriander, gemahlen
1 TL Knoblauchgranulat
2 EL Olivenöl
2 TL kaltes festes Kokosöl
1 TL Senf
1 EL Paradeismark

evtl. Rucola zum Garnieren

1 Rote Linsen im Wasser und mit allen Gewürzen bei kleinster Hitzezufuhr ca. 10 Minuten weich kochen. Dabei öfters umrühren und zwischendurch 2 EL Olivenöl untermischen, die Masse brennt dann nicht so leicht an. Bei Bedarf während dem Kochen noch esslöffelweise Wasser nachgießen.

2 Die weich gekochten Linsen vom Herd nehmen und 1/2 Stunde quellen lassen. Solange sie noch warm sind, kaltes Kokosöl, Senf und Paradeismark dazugeben. Die Masse anschließend entweder pürieren oder nur mit einer Gabel mehrmals kräftig umrühren – dabei bleiben zwar einige Linsen immer ganz, das sieht aber sehr appetitlich aus.

3 Zum Servieren den Aufstrich nach Belieben mit Rucola garnieren.

TIPP: Dieser Aufstrich ist wie fast alle veganen Aufstriche ungekühlt mindestens 2–3 Tage haltbar und eignet sich dadurch gut als Proviant zum Mitnehmen oder auch für dein nächstes Fest.

WARME MÜSLITERRINE

FÜR 2 PERSONEN

400 ml Reismilch
150 g Haferflocken
1 Prise Steinsalz
50 g Mandeln oder andere Nüsse, gerieben
100 g Rosinen oder andere Trockenfrüchte, in kleine Stücke geschnitten
50 ml Hafer Cuisine
30 g Pflanzenmargarine

Zimt zum Bestreuen

1 Die Reismilch zum Kochen bringen. Haferflocken, Salz, geriebene Nüsse und die Rosinen oder die in kleine Stücke geschnittenen Trockenfrüchte einrühren und alles zusammen 2–3 Minuten bei kleiner Hitze köcheln lassen.

2 Anschließend die Hafer Cuisine und die Pflanzenmargarine einrühren und die Masse in eine Form gießen.

3 20 Minuten nachdämpfen lassen und die Müsliterrine mit Zimt bestreut noch warm servieren.

TIPP: Diese Terrine eignet sich nicht nur als warmes Frühstück in der kalten Jahreszeit, sondern ergibt auch ein schmackhaftes winterliches Dessert.

ORANGENSALAT MIT CRUNCHIES

FÜR 2 PERSONEN

150 g Dörrzwetschken
4 Orangen
ca. 1 EL Rum (ganz nach Belieben)

Für die Crunchies
50 g Haferflocken
50 g Sonnenblumenkerne
50 g Mandelblättchen
2 EL Vollrohrzucker

1 Dörrzwetschken würfelig schneiden und einige Stunden, am besten über Nacht mit wenig Wasser bedeckt einweichen, am nächsten Tag samt der Flüssigkeit in eine größere Schüssel schütten.

2 Zuerst von 1/2 Orange die Schale abreiben und diese über die Zwetschken streuen. Dann alle Orangen schälen, das Fruchtfleisch in Würfel schneiden, mit den eingeweichten Dörrzwetschken vermengen und mit Rum marinieren.

3 Für die Crunchies inzwischen Haferflocken, Sonnenblumenkerne und Mandelblättchen gemeinsam mit dem Zucker in eine beschichtete Pfanne geben.

4 Bei mittlerer Hitze und unter ständigem Rühren erhitzen, bis der Zucker flüssig wird. Dann den Herd abdrehen und die Crunchies weiterrühren, bis sie wieder abkühlen und der Zucker fest wird, also karamellisiert.

5 Orangensalat in Schüsseln anrichten und mit den Crunchies bestreut zu Tisch bringen.

TIPP: Seit einiger Zeit gibt es aufschlagbare Sojasahne auch in Bio-Qualität – diese passt natürlich ganz prima als „Sahnehäubchen" oben drauf.

VANILLEKIPFERL

FÜR CA. 2 BACKBLECHE

280 g Dinkelvollkornmehl
100 g Mandeln, gerieben
210 g kalte Pflanzenmargarine
70 g Vollrohrzucker
1 Pkg. Vanillezucker
1 Prise Steinsalz

Mehl zum Bestäuben
Staubzucker zum Bestreuen

1 Alle Zutaten zu einem glatten Teig verkneten. 2 dicke Rollen formen und diese für mindestens 1/2 Stunde in den Kühlschrank stellen.

2 Auf der bemehlten Arbeitsfläche mit den Fingern jeweils ein 5–7 cm großes Teigstück abnehmen und auf wenig Mehl zu einer 1–2 cm dicken Rolle wuzeln. Diese mit dem Messer in gleiche Teile schneiden und dann jedes Stangerl mit der Hand zu einem Kipferl formen und auf ein mit Backpapier belegtes Blech setzen.

3 Die Vanillekipferl im auf 175 °C vorgeheizten Backrohr ca. 20 Minuten backen und auf dem Backblech etwas auskühlen lassen. Dann mit einem Tortenheber vorsichtig in eine Keksdose schlichten, dabei jede Schicht mit Staubzucker übersieben. Die Dose erst nach einigen Stunden schließen, nachdem die Vanillekipferl völlig ausgekühlt sind.

DINKEL-SCHOKO-COOKIES

FÜR CA. 2 BACKBLECHE

200 g Pflanzenmargarine
350 g Dinkelvollkornmehl
2 EL Sojamehl
50 ml Hafer Cuisine
150 g Vollrohrzucker
1 TL Weinsteinbackpulver
100 g grob gehackte Zartbitter- oder Reismilchschokolade

1 Die Pflanzenmargarine im Wasserbad schmelzen. Dann alle Zutaten nacheinander unterrühren und ganz zum Schluss die grob gehackte Schokolade dazugeben. Anschließend den Teig im Kühlschrank ungefähr 1/2 Stunde rasten lassen.

2 Mit einem Teelöffel nussgroße Stücke abstechen, diese mit den Fingern zu Kugeln formen und flach gedrückt auf ein mit Backpapier ausgelegtes Backblech legen.

3 Im vorgeheizten Backrohr bei 175 °C ca. 20 Minuten goldbraun backen und anschließend am Blech auskühlen lassen, sonst zerbrechen sie.

TIPP: Dieser Cookie-Teig lässt sich auch gut mit Kürbis- oder Sonnenblumenkernen, mit Mandelstückchen oder gehackten Cashewkernen kombinieren. 1 EL Kakaopulver wiederum färbt den Teig schokoladig dunkel und mit ein paar Spritzern Schokoglasur verziert sehen die Cookies dann richtig edel aus.

WEICHE LEBKUCHENHERZEN

FÜR CA. 40 HERZEN

500 g Dinkelvollkornmehl
250 g Bio-Rübenzucker
200 ml Sojasahne
4 EL Kakaopulver
2 EL Lebkuchengewürz
1 Pkg. Weinsteinbackpulver
1–2 EL Rum

1–2 EL Mehl zum Ausrollen zwischen den Backpapierlagen
etwas Sojamilch zum Bestreichen

1 Aus allen Zutaten einen festen Teig kneten und diesen 20 Minuten rasten lassen. Anschließend zwischen 2 Lagen bemehltem Backpapier gut 1 cm dick ausrollen und Herzen oder andere Formen ausstechen.

2 Die Lebkuchenherzen mit etwas Abstand voneinander auf ein mit Backpapier belegtes Backblech legen und mit Sojamilch bestreichen. Im auf 175 °C vorgeheizten Backrohr ca. 10 Minuten backen und anschließend auf dem Blech auskühlen lassen.

TIPP: Diese Lebkuchen sind weich und sollten bald gegessen werden. Auf jeden Fall nicht in einer fest verschlossenen Dose, sondern luftig aufbewahren. **/** Aus Staubzucker und Wasser und einigen Tropfen Orangenöl eine Glasur herstellen und die Lebkuchen damit überziehen. Nett sieht es auch aus, wenn eine Hälfte der Herzen in Schokolade getunkt wird.

GLOSSAR & REGISTER

GLOSSAR

Agavensirup / Agavendicksaft
Erdäpfel / Kartoffeln
Fisolen / grüne Bohnen
gelbe Rüben / gelbe Möhren, gelbe Karotten
Gemüsebrühe / Gemüsebouillon
Hafer Cuisine / pflanzliche Sahnealternative auf Haferbasis
Karotten / Möhren
Knollensellerie / Sellerieknolle
Kren / Meerrettich
Lauch / Porree
Paradeiser / Tomaten
Paradeismark / Tomatenmark
Reismilch / Reisdrink; pflanzliche Milch aus Reis
Rote Rüben / Rote Bete, Rohnen
Soja Cuisine / pflanzliche Sahnealternative auf Sojabasis
Schlangengurke / längliche Salatgurkensorte
Tahin / auch Tahina oder Tahini, Paste aus fein gemahlenen Sesamkörnern
Zwetschken / Pflaumen

ABKÜRZUNGEN

kg / Kilogramm
g / Gramm
l / Liter
ml / Milliliter
EL / Esslöffel, Suppenlöffel
TL / Teelöffel, Kaffeelöffel
Pkg. / Packung
Msp. / Messerspitze

ALPHABETISCHES REGISTER

A

Apfelgelee mit Zimtcreme 107
Apfel-Krümel-Torte 110

B

Bärlauchdip 33
Béchamelsauce, pikante, zum Überbacken 38
Bohnen-Nudel-Salat, kreativer 95
Bunter Erdäpfel-Gemüse-Salat 132

C

Cashew-Parmesan 38
Cashewsahne 78
Chinakohl-Orangen-Salat 131
Cremige Wildkräutersuppe 23
Crunchies 141

D

Dinkel-Koriander-Muffins mit Zucker-blütenguss 51
Dinkel-Schoko-Cookies 144

E

Eifrei-Speis 42
Erdäpfel-Gemüse-Salat, bunter 132
Erdäpfelkas mit frischen Kräutern 72
Erdäpfelknödel 29
Erdäpfelwürferl, gebratene 54
Erdbeermus mit Cashewsahne 78
Erdnusscreme 41

G

Gebratene Erdäpfelwürferl 54
Gemüse mit Erdäpfelkruste 92
Gemüsequiche, vegane 35
Gemüsesuppen-Lasagne 129
Goldfrittatensuppe 87
Grießknöderlsuppe mit Schnittlauch 56
Grießpudding mit Kompott 45
Grünkern-Burger 30
Gurkenringe mit roher Paradeis-Nuss-Creme 101

H

Haferflockenbratlinge mit Schnittlauchcreme 27
Hirse-Kräuter-Brödlis 48
Hirselaibchen auf Blattsalat 67
Hokkaido-Erdäpfel-Suppe mit Ingwer 119

K

Karottenpüree mit Kürbiskernnudeln 123
Kichererbsen in Kräutern und Olivenöl 75
Knöderl, süße, mit Zwetschkenröster 109
Kokosbällchen gekühlt 77
Körndlschmalz 135
Krautstrudel mit Weizenfaschiertem 125
Kräuter-Fladenbrot 81
Kreativer Bohnen-Nudel-Salat 95
Krendip 88
Krensuppe 24
Kürbis im Wok auf Pilz-Bulgur 97
Kürbiskern-Knusperschnitzel mit Bärlauchdip 33
Kürbiskernnudeln 123
Kürbislasagne 91

L

Lebkuchenherzen, weiche 145
Letscho-Zitronen-Suppe 85
Linsenaufstrich, scharfer roter 136
Linsensalat auf Minutenbrot 103

M

Mangoldsuppe mit gebratenen Erdäpfel-würferln 54
Mini-Salatpizza 62
Minutenbrot 103
Müsliterrine, warme 138

O
Orangensalat mit Crunchies 141

P
Paradeiser-Fisolen-Salat mit gebratenen Seitanstreifen 71
Paradeisfülle, rohe 59
Paradeis-Nuss-Creme, rohe 101
Pikante Béchamelsauce zum Überbacken 38
Pikante Palatschinken mit roher Paradeisfülle 59
Pilz-Bulgur 97
Pilzgulasch mit Erdäpfelknödeln 29
Polentaschnitten, sommerliche 64
Polentasuppe mit Lauch und Kürbiskernöl 117

R
Reisfleisch, veganes 120
Reispapierrollen mit Erdnusscreme 41
Rohe Paradeisfülle 59
Rohe Paradeis-Nuss-Creme 101
Rosinenreis 126
Rote-Rüben-Laibchen mit Krendip 88
Rote-Rüben-Rohkost mit Apfel und Walnuss 98
Roter Linsenaufstrich, scharfer 136

S
Scharfer roter Linsenaufstrich 136
Schnittlauchcreme 27
Schokomousse mit eingelegten Kirschen 47
Sellerieschnitzel mit Rosinenreis 126
Serviettenknödeln 61
Sommerliche Polentaschnitten 64
Sonnenblumen-Orangen-Cantuccini 113
StreichVurst 104
Süße Knöderl mit Zwetschkenröster 109

V
Vanillekipferl 142
Vegane Gemüsequiche 35
Veganes Reisfleisch 120

W
Warme Müsliterrine 138
Weiche Lebkuchenherzen 145
Wildkräuter-Smoothie 36
Wildkräutersuppe, cremige 23

Z
Zimtcreme 107
Zucchinigulasch mit Serviettenknödeln 61
Zucchini-Tsatsiki 68
Zwetschkenröster 109

Brigitte Bach
Vegane Backträume
Kuchen, Kekse und andere Leckereien
120 Seiten, fest gebunden
mit Fotografien von Michael Eckstein
€ 17.95 | ISBN 978-3-7066-2541-8

Veganes Backvergnügen: 100 % pflanzlich – 100 % Genuss!

- » **rein pflanzlich, einfach köstlich und gesund**
- » **verführerische Vielfalt mit beliebten Klassikern und neuen Eigenkreationen**
- » **unkomplizierte Rezepte mit biologisch erzeugten und fair gehandelten Zutaten**
- » **Wissenswertes für den Einstieg ins vegane Backen**
- » **praktische Extras: Warenkunde über die richtigen pflanzlichen Alternativen, Verpackungstipp, Umrechnungstabelle für eckige und runde Backformen**
- » **liebevoll gestaltet und wunderschön bebildert**

Andrea Heistinger, Arche Noah
Das große Biogarten-Buch
624 Seiten, fest gebunden
€ 39.90 | ISBN 978-3-7066-2516-6

Der eigene Biogarten - weil Vielfalt Freude macht!

- » **das Standardwerk für biologisches Gärtnern**
- » **genaue Anleitungen für den Anbau von Gemüse, Obst, Kräutern, Blumen, Pilzen und Getreide**
- » **der gebündelte Erfahrungsschatz der Arche Noah-VielfaltsgärtnerInnen**
- » **einzigartige Sortenvielfalt: über 400 Sortenporträts in Wort und Bild**
- » **fundiert und leicht verständlich geschrieben, benutzer-freundlich gestaltet**
- » **mit Rezepten und Tipps zur Verarbeitung**

Löwenzahn Verlag

Diese und weitere erstklassige Bücher finden Sie auch auf unserer Website
www.loewenzahn.at

löwenzahn

Auflage:

2017	2016	2015	2014
4	3	2	1

Erlerstraße 10, A-6020 Innsbruck
E-Mail: loewenzahn@studienverlag.at
Internet: www.loewenzahn.at

Umschlag- und Buchgestaltung sowie grafische Umsetzung:
Johanna Hopfner und Stefan Rasberger, www.labsal.at

Fotografien: Axel Holstein

Coverfoto: Haferflockenbratlinge mit Schnittlauchcreme, Rezept S. 27

Gedruckt auf umweltfreundlichem, chlor- und säurefrei gebleichtem Papier.

Bibliografische Information Der Deutschen Bibliothek
Die Deutsche Bibliothek verzeichnet diese Publikation in der Deutschen Nationalbibliografie;detaillierte bibliografische Daten sind im Internet über <http://dnb.ddb.de> abrufbar.

ISBN 978-3-7066-2551-7